essentials

essentials liefern aktuelles Wissen in konzentrierter Form. Die Essenz dessen, worauf es als „State-of-the-Art" in der gegenwärtigen Fachdiskussion oder in der Praxis ankommt. *essentials* informieren schnell, unkompliziert und verständlich

- als Einführung in ein aktuelles Thema aus Ihrem Fachgebiet
- als Einstieg in ein für Sie noch unbekanntes Themenfeld
- als Einblick, um zum Thema mitreden zu können

Die Bücher in elektronischer und gedruckter Form bringen das Fachwissen von Springerautor*innen kompakt zur Darstellung. Sie sind besonders für die Nutzung als eBook auf Tablet-PCs, eBook-Readern und Smartphones geeignet. *essentials* sind Wissensbausteine aus den Wirtschafts-, Sozial- und Geisteswissenschaften, aus Technik und Naturwissenschaften sowie aus Medizin, Psychologie und Gesundheitsberufen. Von renommierten Autor*innen aller Springer-Verlagsmarken.

Ina Goller · Tanja Laufer

Psychologische Sicherheit in Unternehmen

Wie Hochleistungsteams wirklich funktionieren

2. Auflage

Springer Gabler

Ina Goller
Berner Fachhochschule/Skillsgarden AG
Winterthur, Schweiz

Tanja Laufer
Köln, Deutschland

ISSN 2197-6708   ISSN 2197-6716 (electronic)
essentials
ISBN 978-3-658-43250-8   ISBN 978-3-658-43251-5 (eBook)
https://doi.org/10.1007/978-3-658-43251-5

Die Deutsche Nationalbibliothek verzeichnet diese Publikation in der Deutschen Nationalbibliografie; detaillierte bibliografische Daten sind im Internet über http://dnb.d-nb.de abrufbar.

Planung/Lektorat: Imke Sander
Springer Gabler ist ein Imprint der eingetragenen Gesellschaft Springer Fachmedien Wiesbaden GmbH und ist ein Teil von Springer Nature.
Die Anschrift der Gesellschaft ist: Abraham-Lincoln-Str. 46, 65189 Wiesbaden, Germany

Das Papier dieses Produkts ist recyclebar.

Was Sie in diesem *essential* finden können

- Eine Einführung in die Bedeutung, die Hintergründe und die wesentlichen Elemente der psychologischen Sicherheit
- Warum genau psychologische Sicherheit für heutige Herausforderungen der Arbeitswelt besonders hilfreich ist
- Empirisch belegte Auswirkungen psychologischer Sicherheit auf die Arbeit und Leistungsfähigkeit von Organisationen
- Praktische und einfach umsetzbare Übungstipps zur Stärkung der psychologischen Sicherheit im Team
- Die Rolle der Führungskraft für die Förderung psychologischer Sicherheit sowie konkrete Ansatzpunkte für Führungskräfte

Inhaltsverzeichnis

Einleitung

1

Wenn die Rede auf eine Atmosphäre der psychologischen Sicherheit kommt, löst dies bei den meisten Menschen klare Vorstellungen aus – ohne dass sie sich jemals näher mit diesem Konzept auseinandergesetzt hätten. Wieso? Weil wir wahrscheinlich schon einmal Mitglied in einem Team waren, in dem wir eine solche Atmosphäre erleben durften oder aber mit dem Gegenteil konfrontiert wurden.

Bevor wir uns ausführlicher mit den Hintergründen der psychologischen Sicherheit beschäftigen, nehmen Sie sich bitte einige Minuten Zeit, um folgende Frage zu beantworten: Welches Team (bestehend aus mindestens drei Personen), in dem Sie über einen längeren Zeitraum Mitglied waren, würden Sie spontan als psychologisch sicher beschreiben? – Handelte es sich dabei um ein Arbeitsteam, in dem Sie beruflich tätig waren? Um eine Gemeinschaft aus Ihrer Schul- oder Ausbildungszeit oder um ein Team in Ihrem Freizeitbereich?

Erinnern Sie sich an eine konkrete Situation, die Sie mit einer guten und erfolgreichen Zusammenarbeit verbinden? Was zeichnet das positive Miteinander in diesen Teams für Sie aus? Behalten Sie diese Situation(en) bitte im Hinterkopf, wenn Sie auf den nächsten Seiten mehr über das Konzept der psychologischen Sicherheit lesen. Abb. 1.1 illustriert diese Reflexion.

Im zweiten Kapitel führen wir in die grundlegende Definition und die theoretischen Hintergründe ein. Darüber hinaus beschreiben wir detailliert, woran psychologische Sicherheit im Alltag erkannt werden kann sowie die Auswirkungen und Effekte psychologischer Sicherheit.

Im Kapitel drei werden erprobte und einfach umzusetzende Werkzeuge für die Einübung psychologischer Sicherheit erläutert, um im Kapitel vier mit Ausführungen zu Führungsstil und Führungsverhalten abgerundet zu werden.

© Springer Fachmedien Wiesbaden GmbH, ein Teil von Springer Nature 2023
I. Goller und T. Laufer, *Psychologische Sicherheit in Unternehmen*, essentials,
https://doi.org/10.1007/978-3-658-43251-5_1

Abb. 1.1 Reflexion über eigene Erfahrungen in Teams

Dieses Buch fasst die neuesten Forschungsergebnisse prägnant zusammen, ohne dabei die Praxis zu vernachlässigen. Wir wünschen den Leserinnen und Lesern nicht nur Erkenntnisse beim Lesen, sondern vor allem beim Ausprobieren und Lernen.

Erfolgsfaktor Nr. 1 für Teams: Psychologische Sicherheit

In unserer Praxiserfahrung zeigt sich immer wieder, dass sich Menschen direkt ein Bild darüber machen, was psychologische Sicherheit bedeutet. Viele finden daher die Beschäftigung mit der Definition zu theoretisch und zu praxisfern. Sie beschreibt allerdings, was unter psychologischer Sicherheit wirklich zu verstehen ist, und damit auch, was sie zu bewirken mag und wo ihre Grenzen liegen. Hier nun die grundlegende Definition:

> Psychologische Sicherheit ist die gemeinsame Überzeugung aller Mitglieder eines Teams, dass es (innerhalb des Teams) sicher ist, zwischenmenschliche Risiken einzugehen (Edmondson, 1999).

Klar wird aufgrund dieser Definition, dass es sich um ein Team-Phänomen handelt. Es geht nicht darum, was einzelne Teammitglieder isoliert voneinander denken, sondern was jede und jeder von allen anderen denkt. Es geht also um die geteilte Vorstellung innerhalb eines Teams, wie das Team reagiert, wenn ich als Einzelperson Ideen vorbringe, (unbequeme) Fragen stelle, Zweifel und Risiken anspreche oder Fehler zugebe. Wie wird sich das Team verhalten, wenn ich zum Beispiel meinen Vorschlag zur Umgestaltung unseres Büros vorstelle? Oder wenn ich von einem Versäumnis berichte, das zur Mehrarbeit für alle geführt hat?

Psychologische Sicherheit bedeutet, dass es Teammitgliedern leicht fällt, diese positiven Verhaltensweisen zu zeigen. Psychologische Sicherheit bewirkt auch, dass es den Teammitgliedern vom Team selbst und der Führungskraft einfach gemacht wird, solche Verhaltensweisen zu zeigen.

© Springer Fachmedien Wiesbaden GmbH, ein Teil von Springer Nature 2023
I. Goller und T. Laufer, *Psychologische Sicherheit in Unternehmen*, essentials,
https://doi.org/10.1007/978-3-658-43251-5_2

2.1 Warum ist psychologische Sicherheit heute so wichtig?

Einer der Hauptgründe für die Bedeutung dieses Konzepts liegt in den Anforderungen der heutigen Arbeitswelt. Dass sich die (Wirtschafts-)Welt viel schneller als in der Vergangenheit dreht, fasst für viele die neuen Herausforderungen zusammen. Die beiden Abkürzungen VUCA und BANI (siehe Kasten) erklären aber auch, dass es nicht nur um Geschwindigkeit geht, sondern, dass unsere Umwelt schwerer vorhersehbar geworden ist (Grabmeier, 2020). Dies führt bei vielen Menschen zu Gefühlen der Unsicherheit. Kommen hierzu zwischenmenschliche Risiken oder Spannungen im Arbeitsumfeld, kann dies selbst risikofreudige Personen erschöpfen und verängstigen.

VUCA war gestern, heute leben wir in einer BANI-Arbeitswelt

Mit seinem Ursprung in den 1980ern wurden mit dem VUCA-Framework Situationen in der Arbeitswelt zusammengefasst, die von starker Unberechenbarkeit gekennzeichnet waren und in denen Organisationen versagen können.

VUCA steht für:

- Volatilität (Volatility)
- Unsicherheit (Uncertainty)
- Komplexität (Complexity)
- Ambivalenz (Ambiguity))

Durch die Entwicklungen in den letzten Jahren (u. a. die Pandemie, die Auswirkungen der Klimakrise, der Krieg in der Ukraine) hat sich diese Unwägbarkeit in der Arbeitswelt verstärkt. Sie wird mit dem Akronym BANI bezeichnet (Grabmeier, 2020).

BANI steht für:

- Brüchig (Brittle)
- Ängstlich (Anxious)
- Nicht-Linear (Non-linear)
- Unbegreiflich (Incomprehensible)

BANI beschreibt dabei nicht mehr «nur» die komplexen und ambivalenten Herausforderungen der Arbeitswelt, sondern teilweise auch die Art und Weise, wie wir darauf reagieren. Die Ebene der Emotionen und wie wir unsere Umwelt verarbeiten wird dadurch miteinbezogen. BANI gibt den immer neu entstehenden, unkalkulierbaren und sich für uns chaotisch ändernden Herausforderungen einen Namen.

Anfang 2020 untersuchte ein Forschungsteam, ob und wie Führung in einer BANI-Welt Einfluss ausüben kann. Zhao und Kolleg*innen analysierten diese Forschungsfrage in fünf Krankenhäusern in Wuhan, kurz nach dem Ausbruch von Covid-19. Eine chaotische Situation mit unkalkulierbaren Herausforderungen für das Krankenhauspersonal. Fokus der Studie war, ob und wie die starke psychologische Belastung von Pflegepersonal durch den Führungsstil gemindert werden kann. Die Forschenden konnten nachweisen, dass inklusive Führung psychologische Sicherheit erhöht und die psychische Notlage des Pflegepersonals verringert (Zhao et al., 2020). Dieses Forschungsergebnis verdeutlicht, dass Teams lernen können, in schwierigen Situationen anders mit Umgebungsfaktoren umzugehen. Stefan Thau und Mitforschende (2009) haben sich in ihrer Studie ebenfalls mit der Bewältigung von Unsicherheit in Organisationen beschäftigt. Auch sie konnten nachweisen, dass die Erhöhung psychologischer Sicherheit im Team zu einer Verringerung der empfundenen Unsicherheit aufgrund der Umgebungsfaktoren führt. Psychologische Sicherheit bietet also die Möglichkeit, mit den Aspekten in den beiden Begriffswelten VUCA und BANI besser umgehen zu lernen. Teams können somit handlungsfähig bleiben, auch unter schwierigen Bedingungen.

Neben der Arbeitswelt an sich haben sich auch die zentralen Anforderungen (wie z. B. Inclusion & Diversity) und Methoden (bspw. Agilität) unserer Zusammenarbeit in der Arbeitswelt verändert. Psychologische Sicherheit gewinnt auch deshalb immer mehr an Bekanntheit, weil sie genau die Grundlage für eine echte Zusammenarbeit liefert. Nur so können die heutigen Anforderungen sinnvoll bewältigt und die modernen Arbeitsmethoden effektiv und effizient eingesetzt werden. Nachfolgend beschreiben wir vier aktuelle Herausforderungen, für die eine hohe psychologische Sicherheit besonders hilfreich ist.

- **Agiles Arbeiten:** Agiles Arbeiten hilft mit Methoden wie Scrum oder Kanban neue Produkte, Projekte oder fortlaufende Entwicklungen in einem Umfeld stetiger Veränderung zu managen. Im agilen Arbeiten müssen wir in der Lage sein, flexibel, selbstorganisiert und selbstverantwortlich zu arbeiten, zu experimentieren, zu reflektieren und uns schnell anpassen können – ohne dabei Angst vor Fehlern und Fehlschlägen zu haben. Häufig liegt der Schwerpunkt bei der Einführung ins agile Arbeiten auf der Methodenebene (= Doing Agile) und das dazugehörige Mindset und die Haltung (= Being Agile) werden vernachlässigt. Dadurch entstehen nicht selten Widerstände gegen die neue Arbeitsweise. Gleichzeitig wissen die Beteiligten zu Beginn meist nicht genau, was ihre Rolle ist. Die Erwartungen an die jeweilige Rolle und die Vorgehensweisen klaffen daher nicht selten sehr weit auseinander. Um diese Unsicherheiten und Widerstände anzusprechen und zu lösen, braucht es eine Atmosphäre psychologischer Sicherheit.

- **Inclusion & Diversity:** Organisationen und ihre Teams werden immer diverser und vielfältiger. Inclusion & Diversity-Abteilungen und diverse Teams stehen meist der Herausforderung gegenüber, eine gemeinsame Kommunikation und gemeinsame Grundlagen zwischen den vielfältigen Beteiligten herzustellen, um das Potenzial von Diversity nutzen zu können. Der offene Umgang mit Vielfalt und Diversity kann Unsicherheiten bei Mitarbeitenden auslösen, da es darum geht, das eigene, persönliche Werte-, Denk- und Verhaltenssystem zu hinterfragen und möglicherweise zu verändern. Gleichzeitig schwingt bei diesem Thema manchmal ein Gefühl des moralisch erhobenen Zeigefingers mit, was wiederum zu Widerstand bei den Beteiligten führen kann. Hier ist eine sichere Arbeitsatmosphäre unerlässlich, um eine konstruktive und offene Kommunikation sowie eine Veränderung in den Teams und den beteiligten Personen zu ermöglichen.

- **Rolle der Management Teams:** Je mehr sich die Beteiligung von Mitarbeitenden und das selbstorganisierte Arbeiten in den letzten Jahren etabliert haben, umso mehr wurde die hierarchische Führung an sich infrage gestellt. Gerade in kleinen und mittelständischen Unternehmen hat dies zu einem Reflexions- und Umdenkprozess, v. a. in den Management Teams geführt. Was entscheiden wir und was nicht? Oder Wie entscheiden wir in unserem Unternehmen? Sind Fragen, die beantwortet werden müssen. Besonders in Management Teams gibt es hier sehr unterschiedliche Meinungen darüber, wie das Unternehmen und die Mitarbeitenden in der BANI-Welt geführt werden sollten. Dabei sind gerade Management Teams Vorbild. Sie schaffen gleichzeitig die Basis und setzen die Erwartungen wie im Unternehmen zusammengearbeitet wird. Hier prallen nicht selten unterschiedliche und starke Meinungen aufeinander – und genau deshalb benötigen erfolgreiche Management Teams, die wirklich als Team agieren wollen, eine Atmosphäre von psychologischer Sicherheit, um eine gemeinsam getragene Ausrichtung und Führung des Unternehmens zu erreichen.

- **Zusammenarbeit der operativen Teams:** Die ersten Untersuchungen von Amy Edmondson zur psychologischen Sicherheit fanden in Krankenhausteams statt. Wir sammelten unsere ersten Praxiserfahrung zur psychologischen Sicherheit mit Produktionsunternehmen und Produktionsteams vor Ort. In den sozialen Medien hat es teilweise den Anschein, dass psychologische Sicherheit ein Konzept aus dem akademischen Elfenbeinturm ist. Dabei ist sie gerade dort relevant, wo es z. B. um Aspekte des sicheren Arbeitens an Maschinen, bei emotional intensiven Tätigkeiten oder wenn es um lebensentscheidende Aufgaben geht. Teams, die z. B. aufgrund von Personalmangel einen hohen und belastenden Workload haben, bestehen erfolgreicher und mental gesünder schwierige Situationen, wenn eine Atmosphäre von psychologischer Sicherheit herrscht.

Das Konzept von psychologischer Sicherheit verbreitete sich in den letzten Jahren so stark, weil sich unsere Arbeitswelt und damit die Veränderungsthemen in den Unternehmen wandelten. Um die vielfältigen Transformationsthemen, wie Agiles Arbeiten, Diversity und Zusammenarbeit in Management und operativen Teams umfänglich, nachhaltig und erfolgreich angehen zu können, liefert psychologischer Sicherheit in der Zusammenarbeit einen wesentlichen Beitrag.

Im folgenden Unterkapitel wird psychologische Sicherheit im Detail beschrieben, seine Historie, Auswirkungen und die aktuelle Forschung hierzu zusammengefasst.

2.2 Hintergrund und Definition

Das Konzept der psychologischen Sicherheit ist an sich nicht neu. Bereits 1965 beschrieben es Edgar Schein und Warren Bennis (1965) im Zusammenhang mit ihren Forschungen zu Erfolgsfaktoren für Veränderung. Die Autoren weisen auf die Notwendigkeit von psychologischer Sicherheit in Veränderungsprozessen hin. Demnach fühlen sich Menschen, die einen solchen Zustand erleben, bereit und kompetent für Veränderungen.

Anfang der 1990er Jahre griff William Kahn das Konzept erneut auf, als er die Einflussfaktoren für individuelles Engagement am Arbeitsplatz untersuchte. Er konnte dabei die enge Verbindung von persönlichem Engagement und psychologischer Sicherheit nachweisen (Kahn, 1990). Er beschrieb das Konzept als

Gefühl, das eigene Selbst zeigen und einsetzen zu können, ohne Angst vor negativen Folgen für das Selbstbild, den Status oder die Karriere zu haben. Es handelt sich also um die Überzeugung, sich auf diese Weise verhalten zu können, ohne dem Risiko von Peinlichkeit, Ablehnung oder Geringschätzung ausgeliefert zu sein.

Die Amerikanerin Amy Edmondson erforscht seit den 1990er Jahren psychologische Sicherheit im Teamkontext. In ihren Studien findet sie immer wieder den gleichen Zusammenhang – psychologisch sichere Teams lernen besser und erzielen bessere Ergebnisse. Eine Studie zur medizinischen Qualität verschiedener Krankenhäuser im Osten der USA hatte sie zu einer erstaunlichen Erkenntnis gebracht: Jene Klinikteams, die viele Fehler berichteten, hatten u. a. weniger Medikationsfehler. Dort trauten sich Mitarbeitende, Fehler anzusprechen und ermöglichten damit, aus den individuellen Fehlern als Team zu lernen und Fehlerursachen wirksam zu beseitigen.

▶ **Tipp** Schauen Sie sich den Ted Talk „Building a psychologically safe workplace" von Amy Edmondson an (s. Link: Edmondson, 2014a). Sie beschreibt dort in knapp zwölf Minuten nachvollziehbar und mit Anwendungsbeispielen das Konzept der psychologischen Sicherheit und ihre Erkenntnisse dazu.

Spätestens seitdem Charles Duhigg im Februar 2016 in seinem New York Times-Artikel über die Google Studie „Aristoteles" berichtete, wurde dieses Konzept im englischen Sprachraum allgemein bekannt (Duhigg, 2016). Das Ziel der Studie war, das Geheimnis erfolgreicher Teams bei Google zu lüften. Der Name ist dabei ein Tribut an Aristoteles und sein Zitat „Das Ganze ist mehr als die Summe seiner Teile". Für die Studie wurden über 180 Teams aus allen Funktionsbereichen des Unternehmens mithilfe von Interviews und Befragungen untersucht. Bis zuletzt ging man bei Google davon aus, dass es vor allem auf die richtige Teamzusammensetzung ankomme. Das Ergebnis fiel jedoch anders als erwartet aus: Nicht eine geschickte Auswahl der „passenden" Persönlichkeiten, sondern psychologische Sicherheit ist der bedeutendste Faktor für eine erfolgreiche Zusammenarbeit. Entscheidend ist nicht, WER im Team zusammenarbeitet, sondern WIE zusammengearbeitet wird (Re: Work, 2017).

Was genau verbirgt sich hinter diesem Begriff?
Die Definition von Amy Edmondson (1999), dass psychologische Sicherheit eine gemeinsame Teamüberzeugung ist (siehe Abb. 2.1), verdeutlicht zum einen, dass es sich um ein team-bezogenes Konzept handelt. Es entsteht in Teams und ist auch auf

„Psychologische Sicherheit
ist die gemeinsame Überzeugung
aller Mitglieder eines Teams, dass
es sicher ist zwischenmenschliche
Risiken einzugehen." (Edmondson 1999)

Abb. 2.1 Definition Psychologische Sicherheit

Teams beschränkt. Daher kann psychologische Sicherheit zwar generell in einem Unternehmen vorhanden sein, muss aber in jedem Team jeweils einzeln entstehen und gefördert werden.

Die gemeinsame und geteilte Überzeugung aller Teammitglieder verweist auf einen wesentlichen Unterschied zum Konzept Vertrauen. Anders als beim Konzept Vertrauen geht es um eine geteilte Vorstellung innerhalb eines Teams und nicht um ein jeweiliges konkretes Gegenüber. Psychologische Sicherheit beschreibt die eigene Überzeugung, die man in Bezug auf eine Gesamtheit, also einem kompletten Team und nicht von einzelnen, individuellen Teammitgliedern hat.

Mit diesem Verständnis kann auch eine vielbeobachtete Problematik in Teamsitzungen erklärt werden. Problematische Themen werden in einem Teammeeting trotz Aufforderung nicht angesprochen, wohl aber anschließend im Zweiergespräch. Hier werden dann Risiken, abweichende Meinungen oder kritische Fragen thematisiert und diskutiert. Damit wird dann oft eine erneute Teamsitzung nötig, damit alle wieder informiert werden und eventuell eine neue, bessere Entscheidung treffen können. Oder aber die Team-Entscheidung wird im kleineren Kreis widerrufen aufgrund der neuen Tatsachen. Damit wird zwar der Entscheidungsprozess nicht unbedingt verlangsamt, aber alle nicht-involvierten Teammitglieder werden frustriert und fühlen sich ausgegrenzt. In diesen Situationen besteht Vertrauen zwischen einigen Teammitgliedern. Im gesamten Team gibt es aber keine psychologische Sicherheit, daher werden hier auch kritische Themen verschwiegen.

► **Interpersonales Vertrauen** Vertrauen ist die Bereitschaft einer Person, verletzlich gegenüber einer anderen Person zu sein und als Konsequenz das Risiko auf sich zu nehmen, selbst verletzt zu werden (Mayer et al., 1995). Diese Art des Vertrauens basiert auf der Wahrnehmung eines individuellen Gegenübers. Auch wenn wir im Alltagssprachgebrauch oft von Vertrauen in Verbände, Institutionen oder Organisationen sprechen oder von Vertrauen in Teams, bezieht sich interpersonales Vertrauen immer nur auf einen anderen Menschen.

Amy Edmondson betont, dass Vertrauen eine der wichtigen Voraussetzungen ist, damit psychologische Sicherheit entstehen kann. Beide Konzepte bedeuten allerdings nicht das Gleiche (Edmondson, 1999) wie das obige Beispiel erläutert. Mit Vertrauen geht jedoch vieles einfacher. Daher beziehen sich viele Übungen und Trainings, die psychologische Sicherheit fördern, auch auf Vertrauensaufbau. Dazu mehr bei den Übungstipps im Kap. 3.

Gemeinsame Überzeugung an sich führt allerdings nicht immer zu positiven Effekten. Der Groupthink-Effekt (siehe Definition) zeigt die negativen Folgen einer überzogenen Selbstsicherheit von Teams. Groupthinking kann tatsächlich zu falscher Harmonie und sogar zu einer Verminderung von psychologischer Sicherheit führen. Aufgrund des großen Gleichheits- oder Harmoniedruckes werden wichtige Informationen nicht angesprochen bzw. nicht gehört.

► **Groupthink** Nach Janis (1972) ist Groupthink ein „Denkmodus, den Personen verwenden, wenn das Streben nach **Einmütigkeit** in einer kohäsiven Gruppe derart dominant wird, dass es dahin tendiert, die realistische Abschätzung von Handlungsalternativen außer Kraft zu setzen". Kurz gesagt, es geht um Situationen, in denen eine Gruppe Entscheidungen zustimmt, die einzelne Mitglieder allein abgelehnt hätten. Manchmal ist das Ganze weniger als die Summe der Einzelteile.

Auch im Alltag ergeben sich unangenehme Folgen solcher verzerrten Sichtweisen. So kann Gruppendenken ein an sich gut zusammenarbeitendes Team sprengen, wie folgendes Beispiel veranschaulicht:

Beispiel: Groupthink

Als ein Teammitglied eines Produktionsteams aufgrund einer Erkrankung nur noch einfache, körperliche Tätigkeiten ausführen konnte, halfen die anderen aus. Vordergründig. Hinter den Kulissen begann sich mit der Zeit massiver Ärger darüber aufzustauen, dass nun die körperlich schwere Arbeit an den übrigen Kolleg*innen «hängenblieb». Keine*r traute sich jedoch dieses Thema vor dem gesamten Team anzusprechen, um die gute Zusammenarbeit und das „schöne Teamklima" nicht zu gefährden. Am Ende waren die Fronten so verhärtet, dass eine einvernehmliche Lösung nicht mehr möglich war. Mit psychologischer Sicherheit im Team wäre eine Aussprache frühzeitig und damit rechtzeitig erfolgt. Gruppendenken verhinderte hier eine mögliche Lösung.◄

Bitte denken Sie noch einmal an Ihr Team aus der Einleitung. Was machte bzw. macht die Zusammenarbeit dort aus? Gegenseitiger Respekt? Vertrauen? War oder ist es möglich, Kritisches zu thematisieren?

Besteht eine solche Atmosphäre im Team, können sich alle darauf verlassen, dass kein Teammitglied bloßgestellt, zurückgewiesen oder bestraft wird, weil es offen seine Meinung ausspricht. Die Überzeugung, sich aufeinander verlassen zu können, fußt dabei auf gegenseitigem Respekt und Vertrauen unter allen Teammitgliedern. Durch diese Überzeugung hat jedes Teammitglied ein Gefühl von Sicherheit bei alltäglichen Herausforderungen. Mit diesem Gefühl der Sicherheit im Rücken sind wir offener für Veränderungen und dafür, neue Verhaltensweisen zu lernen und Widerstände zu überwinden.

Welche zum Teil dramatischen Auswirkungen das Vorhandensein oder die Abwesenheit von psychologischer Sicherheit hat, zeigen Beispiele, die für Schlagzeilen, ungläubiges Staunen und Leid bei den Betroffenen sorgen können. Hier ein Positivbeispiel:

Beispiel

Einer Patientin sollen die Mandeln im Krankenhaus entfernt werden. Die Operation übernimmt der langjährige Chefarzt der Chirurgie. Er beginnt damit, alles für eine Fußamputation vorzubereiten. Sieben Personen sind neben ihm an der Operation beteiligt und wundern sich, was hier gerade passiert. Der Anästhesist fasst sich ein Herz und spricht den Chefarzt darauf an. Dieser fällt aus allen Wolken. Er hat die aktuelle mit der nachfolgenden Operation verwechselt. Es ist ihm sichtlich unangenehm und er bedankt sich erleichtert für den Hinweis. In diesem Fall herrschte psychologische Sicherheit. Der Anästhesiearzt war bereit, das Risiko einzugehen und den Fehler anzusprechen. Der Chefarzt war bereit, einen Fehler zuzugeben.◄

Ganz anders sieht es aus, wenn man vom Gegenteil ausgeht. Die Beteiligten trauen sich nicht, das Risiko einzugehen und ihren Chef zu kritisieren. Die Pflegefachfrau hat Angst, dass die anwesenden Ärzte sie nicht ernst nehmen, da sie „nur" eine Pflegefachfrau und keine Ärztin ist. Der Assistenzarzt befürchtet schlimme Folgen für seine weitere Assistenzzeit, wenn er den Chefarzt vor allen Anwesenden vermeintlich auf einen Fehler hinweist. Der Anästhesist ist sich nicht ganz sicher, ob ein Fehler vorliegt, da er den Operationsplan nur kurz überflogen hat. Die Patientin würde aufwachen und anstelle der Mandeln würde ihr der linke Fuß fehlen. Leider ist dieses Beispiel echt (Patterson et al., 2012).

Ähnliche Erfahrungen machen wir als externe Begleiterinnen von Teams auch in anderen Branchen und Organisationsformen. Die entscheidenden Informationen und Knackpunkte werden nicht offen angesprochen. Viel zu oft geschieht dies nur in den Pausen hinter vorgehaltener Hand. So hört man dann Aussagen wie „Ich muss Ihnen sagen, aus meiner Sicht liegt es klar an der Zusammenarbeit von Person X und Y. Das spricht nur keine*r an" oder „Wissen Sie, vor drei Jahren haben wir ähnliche Workshops durchgeführt. Danach ist aber nichts passiert. Alles blieb beim Alten. Ich verbrenne mir da nicht nochmal den Mund" oder „Ich habe das hier nicht offen gesagt, aber Z kennt sich bestens mit dem Thema aus, nur lässt ihn keiner zu Wort kommen. Er könnte ja jemanden mit seinem Wissen bloßstellen".

Kennen Sie solche Situationen? Sie haben viele Ideen – etwas hält sie jedoch davon ab, diese zu äußern? Vielleicht, weil Sie befürchten, „das Falsche" zu sagen? Bevor wir vor anderen Ideen einbringen und unsere Meinungen äußern, müssen bestimmte Voraussetzungen erfüllt sein. Mit anderen Worten, wir benötigen psychologische Sicherheit.

Dabei geht es nicht um reine Nettigkeit. Pseudoharmonie schlägt schnell in den oben genannten Groupthink-Effekt um. Es geht im Gegenteil darum, kritische Themen anzusprechen. Wer dadurch keinen Statusverlust zu befürchten hat, lebt in einer sicheren Atmosphäre. Man muss nicht mit Jubelstürmen rechnen, aber ebenso wenig mit Nachkarten. Es kann also heiß hergehen in einem sicheren Team. Anders als in unsicheren Teams enden solche Diskussionen weder in Schweigen („Ich sage jetzt nichts mehr") noch in persönlichen Angriffen („Du hast mir gar nichts zu sagen"), sondern im gemeinsamen, kreativen Vorankommen. Dies erfordert einerseits von allen Beteiligten den Mut, ihre Meinung zu äußern und andererseits, dass auf gleiche Redeanteile aller im Team geachtet wird und somit alle Meinungen gehört werden können.

Als positives Beispiel nehmen wir ein Erlebnis mit einem Managementteam eines mittelständischen Dienstleistungsunternehmens.

Beispiel

Das Managementteam besteht aus dem Geschäftsführenden, der Leitung der Finanzen, der HR-Abteilung und der IT sowie der Führungskraft des Sales- und Marketing-Sektors. Die fünf Personen verstehen sich gut und arbeiten konstruktiv miteinander. Immer wieder gibt es jedoch kleinere unterschwellige Reibungspunkte und Unstimmigkeiten in der Führung von Mitarbeitenden. Dies wurde meist auf die Eigenart der jeweiligen Führungskraft geschoben und nicht weiter thematisiert. Man wollte der*m Kolleg*in nicht zu nahetreten. Für die betroffenen Mitarbeitenden führte dies jedoch immer wieder zu Verunsicherungen. Sie hörten unterschiedliche, teilweise widersprüchliche Ansagen, z. B. zum Thema Rauchen während der Arbeitszeit, Überstundenaufbau und -abbau oder zur finanziellen Unterstützung des Arbeitens im Homeoffice. Selbst gemeinsame Aussprachen konnten den augenscheinlich gordischen Knoten nicht lösen, keine*r legte die Karten mit den Reibungspunkten auf den Tisch. Auf unseren Vorschlag hin gelang es den Teammitgliedern, offen über ihre Stärken und Schwächen zu sprechen. Dies erst im 1:1-Gespräch, dann in einer gemeinsamen Runde. Bisher hatte sie einer der Kollegen verärgert, weil er den anderen immer wieder Verstöße gegen gemeinsame Unternehmensrichtlinien und arbeitsrechtliche Grundsätze vorhielt. Im Workshop zeigte sich, wie hilfreich und sinnvoll sein Wissen und seine Hinweise auf diesem Gebiet sein können und dass der betreffende Kollege sogar einen guten Job machte. Sie vereinbarten, dass er ab sofort dafür verantwortlich ist und die wichtigsten rechtlichen Themen und Vereinbarungen für alle anderen per se aufbereitet. Im Gegensatz dazu zählten strategische Themen und Veränderungsprojekte nicht zu seinen Steckenpferden. Dieser Themen nahm sich die Sales- und Marketingleiterin aber gerne an, die sich wiederum ungern mit arbeitsrechtlichen Grundlagen und Unternehmensrichtlinien befasste. Auch wenn es manchmal um scheinbar banale Sachverhalte geht, führt fehlende Aussprache zu schwelenden Streitpunkten, die am Ende psychologische Sicherheit und auch eine erfolgreiche Zusammenarbeit verhindern. Die Mitglieder des Managementteams legten die Streitpunkte offen und nutzen nun die individuellen Fähigkeiten und Stärken für ihre Zusammenarbeit. Dem betreffenden Team gelang in dieser Diskussion ein großer Schritt.◄

An dieser Stelle eine Bemerkung zu einer oft gehörten Frage: Müssen sich die Teammitglieder in psychologisch sicheren Teams sympathisch finden? Charles Duhigg (2016) beschreibt das ursprüngliche Autor*innenteam der TV-Show „Saturday Night Live" als Menschen, die sich gegenseitig nicht unbedingt mochten, aber als Team eine radikale Offenheit entwickelten und damit eine der erfolgreichsten Sendungen des US-Fernsehens produzierten. Es geht eher darum, dass ein hoher gegenseitiger Respekt besteht. Die Teammitglieder schätzen die jeweils anderen Teammitglieder als Arbeitskolleg*innen, deren Talente und Fähigkeiten wertvoll sind, um ein gemeinsames Ziel zu erreichen. Oft entstehen daraus auch persönliche Sympathien, aber dies ist nicht notwendig.

Ein weiteres entscheidendes Element der Atmosphäre psychologischer Sicherheit besteht im **positiven Umgang mit Fehlern,** Fehlschlägen und Schwächen. Lernen, Innovation, Kreativität und damit Hochleistung entstehen durch einen positiven Umgang mit Fehlern und Fehlschlägen. Je unsicherer der Kontext, je niedriger die psychologische Sicherheit, desto höher ist die Wahrscheinlichkeit, Fehler und Schwächen zu verschleiern. Denn als fehlerhaft gesehen zu werden, gefährdet das eigene Selbstbild. In der Sozialpsychologie wird dieser Effekt als „Impression Management" („Eindruckssteuerung" auf Deutsch) bezeichnet.

▶ **Impression Management** Erving Goffman (2003) definiert den Begriff als Versuch, den Eindruck über sich selbst zu steuern. Damit umschreibt er das Phänomen, dass wir als soziale Wesen in einer Gemeinschaft von einem wichtigen, unsichtbaren Kapital profitieren oder darunter leiden, wenn es gefährdet ist – unserem guten Eindruck. Ein guter Eindruck öffnet viele Türen. Das Ansprechen von Schwächen und Fehlern wird dabei häufig als ein Zeichen von Inkompetenz angesehen. Also versuchen wir mit allen Mitteln Schwächen und Fehler auszublenden oder sogar aktiv zu vertuschen.

Einen Fehler gemacht zu haben, führt in einem entsprechenden kulturellen Umfeld fast automatisch zu Schuldzuweisungen. Amy Edmondson nennt es das „Blame Game", (dt.: Schuldzuweisungsspiel, Edmondson, 2011). Ob der Fehler aufgrund gegebener Umstände überhaupt vermeidbar gewesen wäre oder, ob seine Entdeckung sogar zu einer neuen, besseren Lösung führen kann, wird beim „Blame Game" nicht berücksichtigt.

Sim Sitkin (1992) definiert drei Arten von Fehlern: vermeidbare, unvermeidbare und intelligente Fehler. Menschen, die in ständiger Angst vor Fehlern leben, probieren nichts Neues mehr aus. Im Alltag werden 70 bis 90 % der Fehler als vermeidbar angesehen. Beim Auftreten von Fehlern wird daher persönliches Versagen als Ursache angenommen und Schuldzuschreibungen entstehen. Dabei ist tatsächlich nur ein kleiner Teil der Fehler (zwei bis fünf Prozent) vermeidbar. Studien der Universität Wien belegen den fatalen Effekt dieses Teufelskreises in dem Fehler als vermeidbar angesehen werden und Fehlverhalten als Grund angenommen wird (Schinkels, 2014), obwohl dies nicht den Tatsachen entspricht. Die Autor*innen der Studie untersuchten, inwiefern Mitarbeitende in Dienstleistungsunternehmen trotz gestiegenen Arbeitstempos und stärkeren Wettbewerbs noch Eigeninitiative zeigen. Das Ergebnis: wer häufig rein negatives Feedback zu Fehlern erhält, äußert seltener neue Ideen. Eine negative Fehlerkultur führt häufig zu mehr Stress, ungesundem Leistungsdruck und Perfektionismus.

Dabei benötigen wir intelligente Fehler, um Neues zu lernen. Wir benötigen konstruktives Feedback zu Fehlern, Analysen und gemeinsames Lernen. Das Mindset einer konstruktiven Fehlerkultur drückt sich in der Reaktion auf Fehler aus. Fragen wie „Wie konnte es zu diesem Problem kommen?" und „Wer ist dafür verantwortlich?" helfen nicht weiter. Sie werden als „blaming" empfunden. Die Unsicherheit steigt und psychologische Sicherheit sinkt. Fragen, die Fehler und Schwächen nicht übersehen und die das Lernen in den Vordergrund stellen, sind hilfreich: „Was können wir aus diesem Problem lernen?" und „Wie bringt uns dieser Fehler weiter?" und „Wie können wir diesen Fehler dauerhaft verhindern?"

Der Umgang mit Fehlern oder besser das Lernen aus Fehlern ist ein integraler Bestandteil von psychologischer Sicherheit. Eli Lilly, Gründerin eines der größten Pharmaunternehmen der Welt, führte in den 1990er Jahren Failure Parties ein (Burton, 2014). Goretex wurde einst als das innovativste Unternehmen der USA gekürt. Eines der Kennzeichen von Goretex war es, Fehler zu feiern. War ein Projekt nicht erfolgreich, wurde es mit Bier und Champagner gefeiert. Goretex-Gründer Wilbert Lee Gore war von Anfang an davon überzeugt, auf diese Weise das Ausprobieren und neue Ideen zu fördern. Er betrachtete Fehler als Teil des kreativen Prozesses (Stewart, 2015).

Im agilen Arbeiten wird dieses Denken einen Schritt weitergeführt. Fehler und Probleme werden hier nicht nur thematisiert, sondern eine kontinuierliche Ableitung von Maßnahmen ist im Scrum Vorgehen verankert. Scrum ist ein Rahmenwerk, welches Individuen, Teams und Organisationen bei der Zusammenarbeit hilft und es ihnen ermöglicht, sich auf wirkungsvolle Verbesserungen zu fokussieren. Es ist die am meisten genutzte Methode im agilen Arbeiten und basiert dabei auf einer definierten Struktur, definierten Rollen und einer sich wiederholenden, iterativen Vorgehensweise bei der Produktentwicklung und der Projektbearbeitung. Retroperspektiven sind im Sinne von Überprüfung und Anpassung (engl. Inspection and Adaption) als fester Bestandteil von Sprints in Scrum Projekten eingeplant. „Das Scrum Team bespricht, was während des

Sprints gut gelaufen ist, auf welche Probleme es gestoßen ist und wie diese Probleme gelöst wurden (oder eben nicht)" (Schwaber & Sutherland, 2020, S. 11).

Gegenüber dem Thematisieren von Fehlern werden häufig Befürchtungen geäußert, dass auf diese Weise Fehler verklärt werden könnten und kein wirkliches Verantwortungsgefühl erzeugt wird. Für Skeptiker*innen heißt es dann, konstruktiv mit Fehlern umgehen sei schon in Ordnung, aber was bringt es? Studien zeigen: Solche Befürchtungen sind unbegründet. Gesunden Organisationen gelingt es beides zu stärken. Sie erreichen dies, indem sie sowohl ehrgeizige Ziele setzen als auch akzeptieren, dass es Unsicherheiten im Unternehmen gibt, die einer gemeinsamen Auseinandersetzung bedürfen (Edmondson, 2011).

Um Hochleistungen mit einem Team zu erreichen, müssen wir aus Fehlern lernen. Oder wie ein bekanntes Sprichwort sagt: Nur aus Fehlern wird man klug!

Ein weiteres Element psychologischer Sicherheit ist, inwieweit Teams und Führungskräfte belohnen bzw. akzeptieren, dass individuelle Teammitglieder um Hilfe fragen. Hier kommen zwei wesentliche Faktoren psychologisch sicherer Teams zusammen: Zum einen öffnen wir uns und machen uns verletzlich, wenn wir um Hilfe fragen. Zum anderen wird ein Team genau dann für uns als Individuum wertvoll, wenn wir Hilfe im Team erhalten. An diesem Punkt in einem Team wird für die Einzelperson deutlich, dass sie persönlich mit dem Team weiter kommt als allein. Gleichzeitig zeigt um Hilfe bitten auch auf, dass wir an eine stabile Beziehung glauben. So ist es eine Bestätigung und Verstärkung für die anderen Teammitglieder, wenn wir uns aufeinander verlassen können.

Damit diese Wirkungen erzeugt werden, empfiehlt die Sozialpsychologin Heidi Grant (2018) die Hilfsfrage so konkret wie möglich stellen. Es geht also nicht darum generell um Hilfe zu fragen: „Wer kann mir heute helfen, ich habe so viel zu tun", sondern es geht darum klar aufzuzeigen, wozu Hilfe gebraucht wird: „Ich brauche heute Hilfe beim Eintragen der Qualitätsdaten, sodass wir morgen eine fehlerfreie Auflistung für das Audit haben". Die um Hilfe fragende Person zeigt transparent auf, wo sie allein nicht weiterkommt und wird damit verletzlich.

In der Abb. 2.2. werden die wesentlichen Kennzeichen und was psychologische Sicherheit nicht ist, zusammengefasst.

Fazit: Die wesentlichen Elemente psychologischer Sicherheit

- **Offen eigene Meinungen äußern:** „Wir sind an diesem Punkt noch nie gewesen; wir wissen nicht, was passieren wird; wir brauchen den Verstand und die Stimme von jeder*m im Spiel!" (Edmondson, 2014b). Es geht

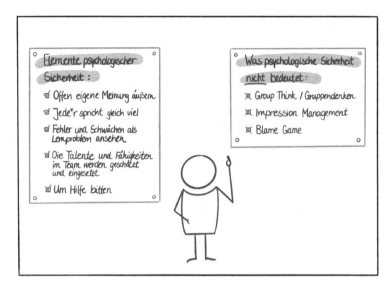

Abb. 2.2 Elemente psychologischer Sicherheit und Abgrenzung

darum, im Alltag den Mut zu seiner eigenen Stimme zu haben oder wie es
im Englischen beschrieben wird: „having a voice".

- **Jede*r spricht gleichviel:** Dies muss nicht in jedem Meeting gleich ver-
teilt sein, aber sich über einen gewissen Zeitraum ausgleichen. Am Ende
eines Meetings sollte man daher kurz überlegen: hat jede*r seinen Beitrag geleistet? Dieses Element wird vor allem durch die Studie von Google
(Duhigg, 2016; Re: Work, 2017) gestützt. Durch die gleichmäßige Beteiligung wird sichergestellt, dass die Meinungen im Team auch gehört werden,
dass ruhigere Personen ihren Beitrag leisten können und dass wirklich eine
Teammeinung entsteht.
- **Fehler und Schwächen als Lernproblem ansehen:** Fehler werden i. d. R.
als Ausführungsproblem angesehen. Ausführungsprobleme verführen oft
genug dazu, nach Schuldigen, statt nach Lösungen zu suchen. Es gilt,
aus Fehlern oder einer Schwäche zu lernen, um nicht immer wieder an
dieselben Grenzen zu stoßen. Dazu mehr im nächsten Abschnitt.
- **Die Talente und Fähigkeiten im Team werden geschätzt und eingesetzt:** In einem Team verfügt jede*r über eigene Talente, Fähigkeiten oder

Neigungen. So gelingt es, weg von einer defizitären hin zu einer stärkenorientierten Sichtweise zu kommen. Den Effekt dieser Haltung belegen Forschungsergebnisse der positiven Psychologie (Seligman, 2012).

- **Um Hilfe bitten:** Durch die Bitte um Hilfe zeigt sich ein Teammitglied offen und verletzlich und bestätigt sowie verstärkt somit den Glauben, dass zwischen den Menschen im Team stabile und verlässliche Beziehungen vorliegen. Erhält jemand im Team Hilfe, unterstreicht dies den Wert des Teams, denn in diesem Moment ist das Individuum im Team weitergekommen als es dies auf sich allein gestellt geschafft hätte. Die Frage um Hilfe sollte dabei möglichst konkret und transparent sein (Grant, 2018).

2.3   Auswirkungen und Effekte

Wenn Sie an Ihre Arbeitsgruppe vom Anfang denken, erinnern Sie sich wahrscheinlich gut an Vorkommnisse, bei denen sich eine sichere Atmosphäre positiv auf das gemeinsame Ergebnis auswirkte.

Wir haben die vier entscheidenden Auswirkungen, die durch Studien belegt sind, in der Abb. 2.3 zusammengefasst.

Kontinuierliches Lernen Eine Atmosphäre der psychologischen Sicherheit macht „furchtloses" Lernverhalten möglich. Chris Argyris und Donald Schön, die Pioniere des organisationalen Lernens, definieren Lernen als einen Prozess aus Erkunden und Fehlerkorrektur (Argyris und Schön, 1978). Gemeinsam mit anderen einen neuen Sachverhalt zu erkunden und dabei vermeidbare Fehler zu korrigieren, eröffnet Lernperspektiven. Teammitglieder müssen wichtige Kompetenzen beherrschen wie um Hilfe bitten, einen Fehler zugeben und Feedback verlangen. Diese drei Arten der Interaktion führen in einer unsicheren Umgebung zu Gesichtsverlust. Glaubt man sich blamieren zu können oder schikaniert zu werden, folgen daraus eher Verhaltensweisen, die Lernen blockieren (Argyris, 1982).

Edgar Schein (2010) argumentierte im Einklang mit diesen Ergebnissen, dass psychologische Sicherheit auch das Hindernis der Lernangst (ein Zustand der Ablehnung, der auftritt, wenn Menschen mit Daten konfrontiert werden, die ihren Erwartungen oder Hoffnungen widersprechen) reduziert. Mit psychologischer Sicherheit können sich Individuen auf gemeinsame Ziele und die Problemprävention anstatt auf Selbstschutz und Verteidigung konzentrieren. Bei tiefer psychologischer Unsicherheit bleibt jedoch diese Lernangst bestehen. Ein

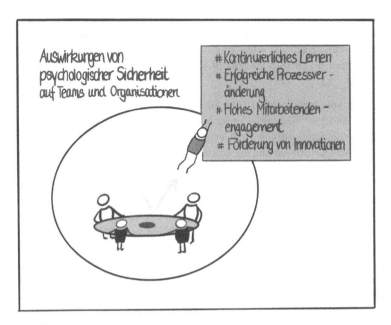

Abb. 2.3 Überblick über die Wirkung psychologischer Sicherheit

typisches Beispiel aus einem Produktionsunternehmen illustriert den messbaren Schaden, den dieser Teufelskreis anrichten kann:

Beispiel

Ein neues Softwaresystem für die Auftragsbearbeitung wurde mit dem Ziel eingeführt, Fehlproduktion und Schrott genau zu dokumentieren. Da Fehler aus verschiedenen Gründen häufig passieren, beginnen die Mitarbeitenden aufgrund des empfundenen Zeitdrucks und aus Angst, dass durch die Dokumentation der immer wiederkehrenden Fehler Nachteile für sie entstehen, ihre produzierten Fehlteile in den Schrottcontainer zu werfen, ohne dies zu notieren. Die Folge ist, dass weder Ursachenanalyse noch Lösungsfindung stattfinden können. Ein Lernen und Verbessern ist hier zunächst nicht möglich. Da Kosten oft nicht direkt dort anfallen, wo Fehler passieren, nehmen wir häufig erst deren Folgewirkungen wahr. Nach Wochen und Monaten fehlender Aufschreibungen wurde anhand von Inventurdaten die Schrottmenge deutlich. Allerdings konnte sich nun niemand mehr an die genauen Hintergründe und Ursachen für die Schrottmenge erinnern. Nur wenn etwas sofort erkannt und aufgedeckt wird, ist ein direktes und kontinuierliches Lernen aus den Fehlern möglich (Schüttelkopf, 2006). ◄

Förderung von Innovation In der modernen Arbeitswelt sind Innovationsmanagement, Design Thinking oder agiles Arbeiten aktuelle Antworten, um dem globalen Veränderungsdruck zu begegnen. Ziel dieser Vorgehensweisen ist die Förderung von Kreativität und die schnelle Umsetzung von Innovationen, um sich Wettbewerbsvorteile sichern zu können. Der Erfolg von Innovationen lässt sich nicht immer erzwingen, sondern hängt häufig von einer konstruktiven Zusammenarbeit der Mitwirkenden ab. Die Entstehungsgeschichte des agilen Arbeitens unterstützt diese Aussage. Hier wurde schon im Gründungsdokument, dem agilen Manifest von 2001 und in der aktualisierten Version von 2020, auf die notwendige Verbindung von Methode und Mensch hingewiesen. Ziel des agilen Arbeitens ist es, den Entwicklungsprozess flexibler, schneller und schlanker zu machen, als dies beim klassischen Vorgehen der Fall ist. Der erste Punkt des Manifests lautet: „Individuen und Interaktionen sind mehr als Prozesse und Werkzeuge" (Beck et al., 2001). Dazu werden im agilen Arbeiten konkrete Vorgehensweisen beschrieben. Es kann nicht verwundern, dass es bei diesen Vorgehensweisen vor allem darum geht, die wesentlichen Elemente der psychologischen Sicherheit zu erzeugen, wie z. B. offen Meinungen anzusprechen, Hilfe zu holen und hilfreiches Feedback zu geben.

Es verwundert daher nicht, dass in der Innovationsforschung ein ähnliches Konzept wie die psychologische Sicherheit formuliert wurde – die Forscher Neil Anderson und Michael West nennen es „partizipative Sicherheit". Die beiden Forschenden beschreiben diese als Teamklima, bei dem die vorherrschende zwischenmenschliche Atmosphäre von Unterstützung und nicht von bedrohtem Vertrauen geprägt ist. Partizipative Sicherheit besteht, wenn alle Mitglieder einer Arbeitsgruppe das Gefühl haben, neue Ideen und Problemlösungen in einem nicht wertenden Klima vorschlagen zu können (Anderson und West, 1998).

Im Wesentlichen fördert psychologische Sicherheit also Innovationen und kognitive Prozesse der Kreativität wie divergentes Denken oder Experimentieren. Sie erleichtert es allen Beteiligten in Teams Risiken einzugehen. Teammitglieder schlagen eher neue Ideen und innovative Problemlösungen vor, wenn sie keine negativen Beurteilungen von anderen befürchten müssen. Je mehr Menschen auf diese Weise in Form von Interaktion und Informationsaustausch an der Entscheidungsfindung teilnehmen, desto wahrscheinlicher ist es, dass sie sich später zu

Entscheidungen bekennen und weitere, neue Verbesserungsvorschläge anbieten (Goller und Bessant, 2017).

Erfolgreiche Prozessveränderungen Das Konzept der Prozessveränderung ist verbunden mit dem Konzept der Innovationsförderung, denn Prozessveränderungen können zur erleichterten Umsetzung von neuen Ansätzen und Ideen in Organisationen beitragen. Somit können Prozessveränderungen als Teil einer Innovationsförderung angesehen werden. Jedoch liegt die Quote von gescheiterten Veränderungsprojekten seit Jahren auf einem hohen Niveau: Geschätzte 60 bis 70 % der Veränderungsprojekte verlaufen nicht erfolgreich. Erfahrungsgemäß versuchen die meisten Firmen Change-Projekte durch Zielsetzungen, Struktur und Planung zu kontrollieren. Die betroffenen Menschen stehen trotz anders lautender Bekenntnisse meist nicht im Mittelpunkt. Oft besteht keine Möglichkeit, sich mit der Veränderung konstruktiv auseinanderzusetzen. Wird den Beteiligten eine aktive Rolle in einer Atmosphäre der psychologischen Sicherheit ermöglicht, steigt die Erfolgswahrscheinlichkeit der Projekte immens.

Psychologisch sicheres Verhalten zeigt sich beispielsweise in der Teameinstellung, dem Beitrag bei der Ideengenerierung, der Unterstützung von Kommunikation zwischen Teammitgliedern, der Diskussion von Fehlern, dem Teilen und Suchen von Informationen und Nachdenken über alternative Standpunkte und Lösungen im Team. Markus Baer und Michael Frese (2003) konnten diese Effekte in mittelständischen Unternehmen auf der Teamebene und in der Gesamtorganisation nachweisen.

Psychologische Sicherheit spielt zudem eine entscheidende Rolle bei der Einführung von neuen Organisationsformen und Prozessveränderungen, wie beispielsweise Agiles Arbeiten oder Lean bzw. Shopfloor Management. Es konnte dabei durchweg belegt werden, dass Prozessinnovationen in einer Atmosphäre der psychologischen Sicherheit schneller vorankommen. Implementierungserfolg, Qualitätsverbesserung und Teamleistung im Allgemeinen sind einige der positiven Ergebnisse (Edmondson & Lei, 2014).

Mitarbeiter*innenengagement Wenn Sie an Ihr Team mit der Atmosphäre der psychologischen Sicherheit denken, wie engagiert waren Sie dort? Wie bewerten Sie Ihre dortige Bereitschaft mitzuwirken und Ihr tatsächliches Engagement?

Wie bereits erwähnt, bringen sich Teammitglieder ein, die bei der Arbeit psychologische Sicherheit erfahren. Sie verfügen über eine „Stimme" oder auf Englisch „voice". Voice stellt einen wichtigen Mechanismus dar, den Status quo herauszufordern. Es bedeutet, Beiträge zuzulassen und danach gemeinsam zu überlegen, zu argumentieren und die passende Variante abzustimmen. Wenn im Kolleg*innenkreis beispielsweise bemerkt wird, dass jemand die doppelte Zeit

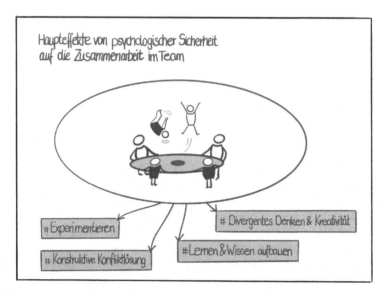

Abb. 2.4 Haupteffekte von psychologischer Sicherheit

für die gleiche Tätigkeit benötigt wie alle anderen, wird nicht hinter dem Rücken gelästert. Jemand aus dem Team spricht die betreffende Person an, fragt nach, was los ist, und bietet Unterstützung an, damit Lösungen gefunden werden. William Kahns Arbeit stützt diese Herangehensweise. Er legt nahe, dass sich sicher fühlende Menschen bereit sind, sich in ihrer Arbeit körperlich, kognitiv und emotional zu engagieren. Ein Schutz vor Gesichts- oder Statusverlust wird nicht länger benötigt (Kahn, 1990). Der oben angesprochene Mitarbeitende kann im Umkehrschluss Hilfe von anderen zulassen, ohne einen Gesichtsverlust riskieren zu müssen. Führungskräften fällt dabei die wichtige Rolle zu, psychologische Sicherheit im Team zu fördern. Ihr kompetentes Verhalten erhöht das Mitarbeiter*innenengagement, indem z. B. Mitarbeitende die für sie passenden Tätigkeiten übernehmen können (May et al., 2004). Aus diesem Grund haben wir den Umsetzungshilfen für Führungskräfte ein eigenes Kapitel gewidmet.

Betrachtet man diese Wirkungen genauer, stößt man auf Effekte, die diese Wirkung erst ermöglichen (siehe Abb. 2.4).

Tools zur Stärkung psychologischer Sicherheit

3

In diesem Kapitel stellen wir wichtige Tools und Übungstipps zur Stärkung psychologischer Sicherheit vor. Ausgangspunkt ist zunächst die eigene innere Haltung, die dem Konzept Einfluss auf Erfolge und Wirksamkeit für gemeinsames Arbeiten zugesteht, sowie die Erlangung von Kompetenzen. Daher vorab eine kurze Einführung, wie man Überzeugungen erlangen und Kompetenzen erwerben kann.

▶ **Kompetenzen** Kompetenzen beschreiben einen Überbegriff, der sowohl Fertigkeiten als auch Fähigkeiten umfasst. Relevante Kompetenzen ermöglichen Menschen, komplexe Sachverhalte zu bewältigen, für die keine allgemeingültigen Regeln anwendbar sind. Kompetenzen sind also erforderlich, um bestimmte anspruchsvolle Situationen zu meistern – etwa „Zuhören" für die Durchführung eines schwierigen Gespräches. Es geht hier also nicht mehr nur um bloßes Verstehen, sondern um das Beherrschen von Handlungen und damit um die praktische Anwendung im Alltag (Lindinger und Zeisel, 2013).

Hier unterscheidet man drei Schritte (s. Abb. 3.1). Für alle drei Schritte wollen wir im Folgenden jeweils Tools vorstellen.

Abb. 3.1 Schritte zur psychologischen Sicherheit

3.1   Schritt 1: Wo stehen wir?

Der einfachste Weg zur Einstufung ist die Frage an das Team selbst zu stellen. Hier lässt sich anhand der Abstimmungsmethodik die Anonymität der Messung variieren. Damit kann Rücksicht genommen werden auf den vermeintlichen Ausgangszustand der psychologischen Sicherheit. So kann eine anonyme Abstimmung via Fragebogen bis hin zu einer offenen Diskussion durchgeführt werden, wo man als Team steht. Stimmzettel, Online-Votingtools oder die immer noch beliebten Klebepunkte eignen sich für die Abstimmung.

Forschende nutzen bei der Fragestellung nach einem Status Quo gerne und oft Fragebögen, welche die grundsätzliche Frage in unterschiedliche Teilaspekte aufgliedern. Amy Edmondson (1999) fokussierte sich dabei auf Denkweisen und Verhalten im Team. Ina Goller und John Bessant (2017) bestimmten darüber hinaus Kompetenzen, über die Teammitglieder verfügen sollten, sofern sie psychologische Sicherheit aufbauen wollen. In der Tab. 3.1 beziehungsweise 3.2 finden Sie die beiden Fragebögen.

Beide Fragebögen sind mit einer 5er Skala hinterlegt. Wert 1 bedeutet: „Trifft auf unser Team gar nicht zu" bzw. „Ich stimme gar nicht zu" und Wert 5 bedeutet: „Trifft auf unser Team exakt zu" bzw. „Ich stimme voll und ganz zu".

Tab. 3.1 Fragebogen zur psychologischen Sicherheit im Team (nach Edmondson, 1999)

	Denkweisen und Verhalten im Team	Ihr Wert (1–5)
1	Wenn man in diesem Team einen Fehler macht, wird es oft gegen einen verwendet	
2	Mitglieder dieses Teams können Probleme und schwierige Angelegenheiten ansprechen	
3	Mitglieder dieses Teams weisen Personen manchmal ab, weil sie anders sind	
4	Es ist sicher, in diesem Team ein Risiko einzugehen	
5	Es ist schwierig, andere Mitglieder dieses Teams um Hilfe zu bitten	
6	Kein Mitglied dieses Teams würde absichtlich auf eine Art und Weise handeln, welche meine Anstrengungen untergräbt	
7	In der Arbeit mit den Mitgliedern dieses Teams werden meine einzigartigen Fähigkeiten und Talente geschätzt und eingesetzt	

Tab. 3.2 Fragebogen zur psychologischen Sicherheit (Goller und Bessant, 2017)

	Kompetenzen zum Aufbau psychologischer Sicherheit	Ihr Wert (1–5)
1	Es ist sicher, ein Risiko in diesem Team einzugehen	
2	Es ist leicht, andere Teammitglieder um Hilfe zu bitten oder sie dazu zu bringen, Hilfe von Teammitgliedern zu akzeptieren	
3	Die Mitglieder dieses Teams können Probleme und heikle Themen ansprechen, ohne Widerstand auszulösen	
4	Fehler von Teammitgliedern werden ihnen nicht vorgehalten	
5	Niemand in diesem Team würde absichtlich die Bemühungen anderer untergraben	
6	Die Teammitglieder akzeptieren Unterschiede und schätzen die verschiedenen Talente der Teammitglieder	
7	Die Teammitglieder sind begierig, Informationen darüber zu teilen, was funktioniert und was nicht	
8	Die Beziehungen zwischen den Teammitgliedern sind gut	
9	In diesem Team ist es leicht zu sagen, was man denkt	
10	Das Niveau an Vertrauen ist in diesem Team hoch	

Natürlich lassen sich beide Fragebögen auch als Beobachtungsgrundlage verwenden, da Fragebögen ja bekannterweise anfällig für Verzerrungen sind. So stellen wir uns selbst hin und wieder positiver dar als wir von außen wahrgenommen werden (siehe u. a. auch Impression Management).

3.2   Schritt 2: Wie können wir das neue Verhalten einüben?

In diesem Schritt geht es darum, wie psychologische Sicherheit im Alltag umgesetzt werden kann. Die hier vorgeschlagenen Tipps können sowohl von Individuen als auch von Teams gemeinsam ausprobiert werden.

Ein Wort vorab zur wichtigen Rolle des Feedbacks beim Erlernen neuer Kompetenzen. Alle, die etwas Neues lernen, kennen es: mit einer Rückmeldung über die Güte der Ausführung lernt es sich schneller und leichter. Im Sport ist Feedback nicht wegzudenken. Kein*e noch so gute*r Spitzensportler*in käme auf die Idee, sich nach einem Match nicht mit der*m Trainer*in zu besprechen oder sich Videoanalysen anzusehen und daraus zu lernen. Wir erleben allerdings häufig, dass Feedback ausbleibt oder nicht eingefordert wird. In unserem Berufsalltag sehen viele Feedback als Angriff oder gar als Beleidigung der Berufsehre. Hier können wir vom Sport lernen.

Die nachfolgenden Tipps sind eine Auswahl, die einen Einstieg in die psychologische Sicherheit ermöglichen. Einzelne der Übungen und Tipps mögen sehr simpel klingen. Doch genau hier liegt die Herausforderung, die vermeintlich einfachen Übungsmöglichkeiten konsequent durchzuführen.

Einige der Übungen haben wir inzwischen in einem Forschungsprojekt hinsichtlich ihrer Wirkung überprüft. 50 Arbeits- und Managementteams aus unterschiedlichen Branchen haben in einem 24 Wochen Programm mit diesen und ähnlichen Übungen gemeinsam gelernt, psychologisch sicher zu arbeiten (Kobe et al., 2022).

Tab. 3.3 zeigt die Bedeutung der Icons, welche in den nachfolgenden Übungen benutzt werden.

Übungstipp 1: Reflexion zur Redebeteiligung im Team
Ein einfaches, aber nützliches Tool sind kurze Check-out Sessions am Ende eines Meetings. Dieses Instrument wird in der Tab. 3.4 vorgestellt.

Tab. 3.3 Legende der verwendeten Icons

Icon	Bedeutung
	Ziel und Nutzen der Übung
	Wie die Übung funktioniert
	Zeitbedarf der Übung
	Einsatzgebiet der Übung
	Beteiligte Personen

Übungstipp 2: Offene Fragen

In diesem Tipp geht es weitestgehend um die Einstellung zum Lernen. Neugier und „Fehlerfreudigkeit" sind hierbei eine wichtige Voraussetzung. Wie gelingt das Lernen aus Neugierde? Wir empfehlen dazu eine simple Methode: offene Fragen zu stellen. Eine Möglichkeit besteht darin, auf den Fragetrichter in Abb. 3.2 zurückzugreifen und Fragen mit jeweils mehr Detailtiefe zu stellen (was, warum/wozu, wer/wo/wann, wie). In dieser Übung, die in der Tab. 3.5 zusammengefasst ist, geht es jedoch vor allem darum, überhaupt Fragen zu stellen und Neugier auf andere Menschen, Sichtweisen und/oder Themen zu entwickeln und zu zeigen.

Übungstipp 3: Lerner*innenfragen stellen

Zum erfolgreichen Lernen gehört das Fehlermachen unweigerlich dazu. Um aus Fehlern zu lernen, muss man sich von sogenannten Kritiker*innenfragen abkehren und Lerner*innenfragen stellen. Kritiker*innenfragen sind z. B.: Wessen Fehler ist es? Wieso läuft das immer wieder falsch? Warum sollte mich das interessieren? Diese Fragen vertiefen eine negative Sicht auf das angesprochene Problem und

Tab. 3.4 Check-out Sessions am Ende eines Meetings

Rahmen der Übung	Beschreibung
⊚	Der Zweck dieser kurzen Feedback-Sessions besteht darin, sich des gemeinsamen und unterstützenden Umfelds bewusstzuwerden, das das Team einerseits braucht und andererseits selbst schaffen kann
①②	Nach dem eigentlichen Meeting folgende Fragen reihum im Team beantworten lassen: Wie war die Sprechzeit im Team verteilt? Haben alle gesagt, was sie wollten, oder blieb etwas unbesprochen? Welche Auffälligkeiten im Verhalten konnten wir beobachten, die auf Unausgesprochenes hindeuten? Was können wir als Team tun, um jemanden dabei zu unterstützen, ihre*seine Leistung zu verbessern bzw. sich stärker aktiv zu beteiligen? Es kann auch nur eine der Fragen gestellt werden, wenn das Feedback schon einige Male durchlaufen worden ist
⏱	5–10 min nach einer Teamsitzung
👆	Am besten direkt innerhalb einer Teamsitzung angehen. Eine Person muss die Initiative ergreifen und die Moderation übernehmen

erzeugen eine pessimistische Stimmung, die Stress, Widerstand oder auch Engstirnigkeit in den Lösungsansätzen verbreitet. Lerner*innenfragen sind im Gegensatz dazu nach vorne gerichtet. Lerner*innenfragen öffnen damit die Sicht auf Lösungen, verbreiten Optimismus und machen uns flexibler in unserem Denken. Dieser Übungstipp ist in der Tab. 3.6 dargestellt.

Übungstipp 4: Ja, und…-Denken
Eine einfache Methode, um psychologische Sicherheit im Alltag zu üben, ist das „Ja, und…-Denken" (Kühne de Haan, 2001). Aus kontroversen Diskussionen oder Streitgesprächen kennt man das „Ja, aber…" nur zu gut. „Ja, klar müssen wir uns besser gegenseitig informieren, aber wie soll das gehen bei den vielen Meetings?" Die beiden Worte „ja, aber" leiten meist Kritik oder Gegenwind ein, was nicht selten direkten Widerstand erzeugt. Formulieren Sie stattdessen einen Satz mit „ja, und…". „Ja, klar, müssen wir uns besser informieren, und ich überlege gerade, wie

Abb. 3.2 Fragentrichter

wir das mit den vielen Meetings aktuell schaffen können." Weitere Informationen zu dieser Übung finden Sie in der Tab. 3.7.

Übungstipp 5: Wertschätzung üben
Gegenseitige Wertschätzung bereitet den Boden für psychologische Sicherheit. Dies trifft auch für fachliche Wertschätzung zu. Eine einfache Übung, um diese im Team positiv zu stärken, ist die *Wertschätzungsdusche*. Sie wird in der Tab. 3.8 zusammengefasst.

Übungstipp 6: Vertrauen aufbauen
Da Vertrauen einer der wichtigen Grundpfeiler für psychologische Sicherheit ist, macht es Sinn, Übungen zum Vertrauensaufbau bei der Weiterentwicklung eines Teams zu integrieren. Erfahren Sie mehr hierzu in der Tab. 3.9.

Wer mehr Fragen sucht, die auch stärker den zwischenmenschlichen und privaten Bereich abdecken, sei auf die Studie von Aron et al. (1997) hingewiesen.

Übungstipp 7: Unsicherheiten und Schwächen thematisieren
Verletzlichkeit zeigen klingt im ersten Augenblick wenig attraktiv. Die Gefahr verletzt zu werden, wenn man Schwächen und Unsicherheit zugibt, ist vorhanden. Doch

Tab. 3.5 Offene Fragen

Rahmen der Übung	Beschreibung
	Durch die offenen Fragen werden alle am Gespräch beteiligt und die Möglichkeit eröffnet, alle Sichtweisen kennenzulernen
	Als grundsätzliche Methode mehrere Fragen zu entwickeln, bietet sich der Fragetrichter (Abb. 3.2) an **Einstiegsfragen.** Hier geht es darum so viel Informationen wie möglich einzuholen ohne Bewertung. Hier beginnen Fragen mit „was" oder „wie" **Vertiefende Fragen.** Hier wird für ein besseres Verständnis nachgefragt. Es geht also um Details. Hier beginnen Fragen zumeist mit „wann", „wo", „wer", „was genau…", „wie genau…" **Bestätigende/qualifizierende Fragen.** Diese Fragen werden erst im Verlauf eines längeren Gespräches gestellt, wenn es darum geht, nächste Schritte abzuleiten. Beispiele sind: „Wie gehen wir damit um?", „Was nimmst du aus dem Gespräch mit?" Für die Übung ist es sinnvoll, direkt anschließend kurz zu reflektieren, welche Wirkung dein Frageverhalten ausgelöst hat
	Mindestens 2 min Gespräch und 2 min Reflexionszeit
	Diese Übung kann in jedem Gespräch und bei jeder Unterhaltung durchgeführt werden
	Wann immer ein Gespräch nicht in Gang kommt oder gerade zu Beginn einer neuen Thematik, um alle Perspektiven kennenzulernen und alle Beteiligten ins Gespräch zu bringen

Verletzlichkeit ist der Schlüssel zu echtem Kontakt mit anderen Menschen. Tab. 3.10 präsentiert eine Übung zum Thema Unsicherheiten und Schwächen thematisieren.

Mehr zu Verletzlichkeit kann man im Buch oder dem Ted Talk von Brené Brown erfahren (Brown, 2010; 2018).

Übungstipp 8: Klare Erwartungen äußern

Manchmal wünschen wir uns eine Art Bedienungsanleitung für andere Menschen, z. B., wenn jemand neu ins Team kommt und die Unsicherheit groß ist, wie man

Tab. 3.6 Lerner*innenfragen stellen

Rahmen der Übung	Beschreibung
	Ziel ist es, den Schritt zu einer konstruktiven „Fehlerkultur" in Teams zu schaffen, und damit oft genug erhebliche Widerstände zu überwinden. Es gilt, Lernmöglichkeiten zu schaffen und Wiederholungen der Fehler zu verhindern
	Wenn der Fehler erkannt worden ist, geht es darum, Kritiker*innen- und Schuldfragen komplett zu vermeiden. Viele werden entdecken, dass dies schwieriger ist als gedacht, wenn man diese Übung noch nie durchgeführt hat Folgende Fragen werden gestellt: Was hat funktioniert? Was kann ich/können wir aus dem Fehler lernen? Welche Möglichkeiten haben wir (es besser zu machen)? Diese Fragenliste kann jederzeit erweitert oder verkürzt werden. Wichtig ist, zukunftsorientiert zu fragen und die learnings festzuhalten
	Dies kann 5 min in Anspruch nehmen oder aber auch eine zweistündige Teamsitzung ausfüllen Falls es individuell durchgeführt wird – mit fünf Minuten starten. Es ist erstaunlich, wie viel man schaffen kann
	Diese Übung kann allein oder im Team durchgeführt werden, spontan bei einem entdeckten Fehler oder aber geplant bei einer Fehlerbesprechung oder einer Retroperspektive. Die Übung sollte in Teamsitzungen beim ersten Mal angekündigt werden, sodass allen die Spielregeln klar sind

mit den einzelnen und unterschiedlichen Menschen im Team am besten zusammenarbeitet. Daher geht es in dieser Übung, die in der Tab. 3.11 präsentiert wird, nicht um Erwartungen bezüglich der Leistung, sondern bezüglich der Zusammenarbeit mit anderen.

Übungstipp 9: Unsere Einstellung zu Konflikten überprüfen
Konstruktives Streiten hat auch mit der generellen Einstellung zu Konflikten zu tun. Zählen Sie zu den Leuten, die Konflikte und Spannungssituationen hauptsächlich als schlecht und schädlich einstufen, oder gehören Sie zu der Fraktion, die Spannungssituationen auch mit einem reinigenden Gewitter verbinden? Mit der in der Tab. 3.12 dargestellten Übung können Sie die eigene Einstellung zu Konflikten elaborieren.

Tab. 3.7 Ja, und…-Denken

Rahmen der Übung	Beschreibung
	Es geht darum, mit einfachen Mitteln einen positiven Gesprächsfluss beim Entwickeln gemeinsamer Ideen oder bei der Diskussion von Lösungen herzustellen
	Es geht darum, Kommunikationsmuster zu verändern, d. h. zuerst bei sich selbst darauf achten, wann man das „ja, aber…" benutzt und sich selbst korrigieren Im Team kann man sich während einer Woche als Übung vornehmen, dass man alle Teamkolleg*innen sobald man ein „Ja, aber…" hört anspricht und Feedback gibt
	An sich braucht diese Übung keine zusätzliche Zeit, denn Gespräche finden sowieso statt. „Nur" das Verhalten innerhalb der Gespräche verändert sich
	Um den Einstieg zu schaffen, kann man diese Übung gemeinsam in einem Teammeeting als Regel einführen

Übungstipp 10: Advocatus diaboli „spielen"

Des Teufels Anwalt will wahrscheinlich keine*r sein, dennoch ist es sinnvoll sich diese Rolle als Übung anzuziehen. Gute Ideen brauchen Fürsprecher*innen. Es geht dabei nicht um einfaches Verteidigen einer Position oder das bloße Hoffen, dass andere die eigene Idee gut finden. Bereiten Sie sich darauf vor, entwickeln Sie Musterargumente für Ihre Idee oder Lösung, denken Sie über deren Vorteile nach und sammeln Sie Fakten und Zahlen, die Ihre Idee unterstützen (Alper et al., 1998). Alle Sichtweisen, die zu Tage treten, können am Ende einen wichtigen Beitrag zur Lösung bieten. Also geht es darum, so viele Fakten, Informationen und Theorien wie möglich aufzulisten und diese dann zu erklären oder zu begründen – wenn nötig auch vor des Teufels Anwalt. Die Tab. 3.13 bietet eine Übersicht über diesen Übungstipp.

Tab. 3.8 Wertschätzung üben

Rahmen der Übung	Beschreibung
	Diese Übung dient dazu, eine andere Person mit positivem Feedback regelrecht zu überschütten. Daraus kann ein positives Gemeinschaftsgefühl und gegenseitiger Respekt entstehen bzw. verstärkt werden
	Bei dieser Übung sollte im Bestfall das komplette Team zusammenkommen. Bei sehr großen Teams kann das Team in 5er Gruppen unterteilt werden Innerhalb des Teams wird reihum jeweils eine Person ausgewählt, die dann eine Wertschätzungsdusche erhält Es hilft, wenn die Teammitglieder jeweils eine Minute Zeit erhalten, positives Feedback vorzubereiten, denn es dürfen nur wertschätzende Feedbacks gegeben werden Im Zeitraum von zwei Minuten erhält dann die bestimmte Person von den anderen Teammitgliedern wertschätzende Rückmeldung. Es dürfen nur positive Dinge gesagt werden. Wenn die Zeit um ist, kann zwar noch der eine Satz zu Ende geführt werden, ansonsten wird aber kein Feedback mehr gegeben. So wird sichergestellt, dass alle Teammitglieder gleich viel Aufmerksamkeit bekommen. Ideal ist, wenn das Feedback für die empfangende Person notiert wird oder alle in der Vorbereitung ihr Feedback direkt auf Karten schreiben Nach zwei Minuten wird zur nächsten Person gewechselt Was bei dieser Übung wichtig ist: Diejenige Person, die Feedback bekommt, hört nur zu und darf selbst nicht sprechen. Sie darf nur zum Schluss das erhaltene Feedback kommentieren, am besten mit einem Dankeschön Hilfreiche Fragen zur Vorbereitung eines wertschätzenden Feedbacks: Was schätze ich an dieser*m Teamkolleg*in? Welche besondere Stärke hat diese*r Teamkolleg*in? Wo hat mir mein*e Teamkolleg*in schon mal geholfen und ich bin dankbar dafür?
	Kurze Einführung in die Übung und dann pro Person 3 min Insgesamt sollte die Übung nicht länger als 30 min dauern, daher auch die Empfehlung große Teams aufzuteilen
	In einem Teammeeting oder bei einem Teamevent

Tab. 3.9 Vertrauen aufbauen

Rahmen der Übung	Beschreibung
	Diese Methode macht Teams effektiver, indem man ein besseres gegenseitiges Verständnis und Bewusstsein entwickelt. Psychologische Sicherheit basiert auf einem Minimum an sozialem Einfühlungsvermögen, d. h. andere „lesen" zu können und zu verstehen, wie sie sich fühlen, was sie denken. Diese Übung ermöglicht dies
	Hier einige Fragen, die Sie stellen können, um sich gegenseitig besser kennenzulernen und mehr über die anderen Teammitglieder zu lernen: Was magst du an deinem Job? Welches Projekt hat dir in den letzten zwei Jahren gefallen? Was sind deine Stärken auf deinem Arbeitsgebiet? Was war dein bester Arbeitstag? Was war dein schlimmster Arbeitstag? Was setzt dich unter Druck? Was würdest du tun, wenn du deinen derzeitigen Karriereweg nicht eingeschlagen hättest? Was sind deine Pläne für die nächsten fünf Jahre? Was würdest du gerne (beruflich) machen? Die Fragen sind nach Intimität gestaffelt
	Es geht weniger darum alle Fragen auf einmal zu stellen, sondern sich jeweils 5–10 min Zeit zu nehmen für eine oder zwei Fragen und diese zu beantworten
	Die Fragen eignen sich als Check-in Fragen in einem Teammeeting, als Fragen bei einem „Team-Speeddating" oder auch bei einer Tasse Kaffee zwischen zwei Kolleg*innen

3.3 Schritt 3: Wie werden/bleiben wir Meister*innen in psychologischer Sicherheit?

Die oben erläuterten 10 Übungstipps sind eine Auswahl an Möglichkeiten, wie Sie psychologische Sicherheit dauerhaft im Alltag stärken können. Wenn Sie sich auf den Weg zur psychologischen Sicherheit machen wollen, helfen allerdings einmalige Aktionen nicht weiter. Vielmehr sind das kontinuierliche Üben und Reflektieren von entscheidender Bedeutung. Sheryl Sandberg schildert ein Beispiel zum Thema Feedback aus ihrer Zusammenarbeit mit Mark Zuckerberg:

Tab. 3.10 Unsicherheiten und Schwächen thematisieren

Rahmen der Übung	Beschreibung
	In dieser Übung geht es in erster Linie darum die eigenen Unsicherheiten kennenzulernen. In einem zweiten Schritt geht es um das Teilen mit Teamkolleg*innen
	Stellen Sie sich die Frage, welche Unsicherheiten oder selbstgenannten Schwächen Sie im Kontext Ihres Teams (Ihrer Teams) haben. Falls Ihnen nichts einfällt, hier einige Anregungen zum Entdecken: Es ist mir unangenehm, dass die anderen im Team mich als merkwürdig oder seltsam wahrnehmen könnten Es ist mir unangenehm, dass die anderen im Team mir vorschreiben könnten, wie ich mich zu verhalten habe Es ist mir unangenehm, als inkompetent wahrgenommen zu werden (z. B. bei Fragen) Es ist mir unangenehm, dass ich die Folgen meiner Handlung nicht komplett abschätzen kann (z. B. bei Meinungsäußerungen) Es ist mir unangenehm, dass sich alles so schnell verändert Es ist mir unangenehm, dass alles gleichbleiben könnte Wenn Sie für sich Ihre Themen erkannt haben, dann suchen Sie sich bitte ein Thema aus, mit dem Sie sich mit ausgewählten Teamkolleg*innen austauschen möchten. Wählen Sie hierfür bitte nicht Ihre größte Verletzlichkeit aus
	7 min, um über die eigenen Unsicherheiten oder Schwächen zu reflektieren und 8 min für den Austausch mit ausgewählten Teamkolleg*innen
	Jederzeit

Um Rat zu bitten kann auch beim Aufbau von Beziehungen helfen. Mir war klar, dass der bestimmende Faktor für meinen Erfolg bei Facebook mein Verhältnis zu Mark sein würde. Als ich dort anfing, bat ich Mark daher, mir jede Woche Feedback zu geben, damit alles, was ihn störte, sofort zur Sprache kam. Mark sagte nicht nur ja, sondern wollte, dass dies auf Gegenseitigkeit beruhen sollte. Während der ersten Jahre hielten wir uns an diese Prozedur und sprachen jeden Freitagnachmittag über große und kleine Anliegen. Im Laufe der Jahre wurde das Mitteilen ehrlicher Reaktionen zu einem prägenden Aspekt unseres Verhältnisses. Heute machen wir das in Echtzeit, statt bis zum Ende der Woche zu warten. (Sandberg, 2015)

Tab. 3.11 Klare Erwartungen äußern

Rahmen der Übung	Beschreibung
	Wichtig für die Entstehung guter Zusammenarbeit ist als einer der Startpunkte, dass jede*r weiß was der*die andere von einem selbst erwartet
	Bitte überlegen Sie sich, welche Zusammenarbeitserwartungen Sie an Ihre Teamkolleg*innen haben. Schreiben Sie Ihre Erwartungen jeweils auf. Zur Klarheit sollten es pro Teamkolleg*in nicht mehr als drei Erwartungen sein. Die Erwartungen sollten sehr transparent formuliert werden, also teilweise schon überdeutlich und scheinbar unhöflich. D. h. nicht, dass Freundlichkeit in dieser Übung unwichtig ist, Klarheit steht hier im Vordergrund Wenn Sie auf der Empfängerseite sitzen, dann gehen Sie bitte von der Annahme aus, dass die*der andere die besten Absichten hat. Ziehen Sie „komische Ausdrücke", scheinbare Grobheiten einfach ab und konzentrieren Sie sich auf das Zusammenarbeitsangebot. Kein Mensch macht sich die Mühe Erwartungen zu äußern, wenn sie*er kein Interesse an der Zusammenarbeit hat. Zudem erfahren Sie Wesentliches von Ihrem Gegenüber. Was ist ihr*ihm wichtig Beispiele: Ich möchte, dass du dich bei mir meldest, wenn Dinge unklar sind (hier kann eine Erläuterung warum mir das wichtig ist folgen) Ich möchte, dass wir gemeinsam das Ziel des nächsten Sprints festlegen Ich möchte, dass ich bei der Erarbeitung des Ablaufes beteiligt werde Ich möchte, dass wir uns einmal die Woche absprechen Ich brauche meine "Stille Stunde" und plane diese auch rigoros ein, d. h. nicht, dass ich deine Anliegen unwichtig finde. Ich kann mich diesen jedoch besser widmen, wenn ich auch für mich Zeit habe. Daher sollten wir unsere Themen besser einplanen
	5 min Vorbereitung und 5 min, um die Erwartungshaltung zu äußern
	Jederzeit. Gut ist allerdings, wenn die*der jeweils andere darauf vorbereitet wird und die Spielregeln kennt sowie akzeptiert

Tab. 3.12   Unsere Einstellung zu Konflikten überprüfen

Rahmen der Übung	Beschreibung
	Die eigene Einstellung zu Konflikten kennenlernen, sodass eine „Rekalibrierung" stattfinden kann, falls nötig Letztendlich geht es darum, dass Auseinandersetzungen konstruktiv gemeistert werden. Hier wird die Einstellungsseite bedacht
	Schreiben Sie 10 Begriffe auf, die Ihnen spontan zu Konflikt einfallen Danach geben Sie jedem der 10 Begriffe ein „Vorzeichen": + für einen positiven Begriff (z. B. jede*r kann seine Meinung äußern), – für einen negativen Begriff (z. B. verletzt werden) und 0 für emotional neutrale Begriffe (z. B. wirkt sich auf die Stimmung aus) Zählen Sie jetzt Ihre + , – und 0 zusammen Bei welchen der Vorzeichen haben Sie mehr Punkte? Diese Übung spiegelt ein wenig Ihre Einstellung zum Thema. Je negativer wir gegenüber Konflikten voreingestellt sind, desto eher werden wir dazu tendieren auch kleinste Spannungssituationen zu vermeiden. So läuft man Gefahr, im Zweifelsfall für eine Harmonie zu stimmen, die sich im Nachhinein als falsch und nicht haltbar herausstellt Falls Ihre spontane Sammlung mehr als 7 Punkte mit Minusvorzeichen enthält, überlegen Sie sich bitte fünf Gründe (an die Sie auch wirklich glauben), warum Konflikte auch positiv sein können
	10 min allein
	Jederzeit. Es geht vor allem darum, sich selbst besser kennenzulernen

Es geht darum Strukturen und Gewohnheiten zu schaffen, die es ermöglichen, die Verhaltensweisen dauerhaft zu zeigen. Psychologische Sicherheit ist eher vergleichbar mit einem Garten, der immer wieder Pflege braucht, damit man sich daran erfreuen kann und weniger mit dem Bau eines Hauses.

Tab. 3.13 Advocatus diaboli „spielen"

Rahmen der Übung	Beschreibung
	Es geht darum, Ideen, Pläne, Konzepte, etc. ultra-kritisch zu beurteilen, um Risiken und Fehler aufzudecken. Dabei geht es v.a. um das Lernen der „stretch-zone"
	Es gibt zwei Formen dieser Übung: a) Jede*r im Team hat die Aufgabe 2 × innerhalb von zwei Wochen ihre*seine ultrakritische Seite zu aktivieren und bei Vorschlägen und Ideen auf Risiken und mögliche Probleme hinzuweisen. Damit eine konstruktive Atmosphäre gewährleistet bleibt, darf es aber nicht einfach mit einem Nein-Sagen enden. Die kritischen Argumente müssen erzählt werden (also warum gibt es hier ein Risiko). Bitte erwarten Sie nicht, dass die anderen sich freuen. Es geht darum, gemeinsam zu üben, dass das Ansprechen kurzfristig evtl. schmerzhaft ist, aber langfristig helfen kann. Manche Teams entdecken auch, wann Risiken und Fehlerdiskussionen nichts bringen und daher an anderer Stelle stattfinden müssen b) Ideen/Projektpläne/etc. werden im Team vorgestellt und müssen durch eine „line of fire". Alle anderen im Team haben bei der Präsentation die Aufgabe (!), kritisches Feedback zu geben. Danach bekommen die Präsentator*innen eine vorher definierte Zeit, das Feedback einzubauen (oder eben nicht) und dann ihre Idee nochmals vorzustellen. Hierbei geht es vor allem um die Verbesserung von laufenden Themen
	Solange es dauert
	Die Situationen, Rollen und Spielregeln müssen vor dem Start geklärt sein

Umsetzungshilfen für Führungskräfte

Dieses Kapitel richtet sich an Führungskräfte, die gemeinsam mit ihren Teams psychologische Sicherheit voranbringen wollen. Als Verantwortliche beeinflussen sie maßgeblich das Klima innerhalb ihres Bereichs und haben damit eine prägende Wirkung auf die psychologische Sicherheit im Team (siehe für eine Übersicht Newman et al., 2017). Dennoch lohnt es sich auch für andere Rolleninhaber*innen, wie z. B. Scrum-Master oder Coaches, dieses Kapitel zu lesen. Dies gilt ebenso für Teams, die sich selbst und damit die Führungsrolle innerhalb des Teams organisieren. Die Erkenntnisse, wie psychologische Sicherheit von einer koordinierenden Rolle gefördert werden kann, sind nicht auf eine klassische Führungskraft beschränkt.

Zumeist wird in Studien über Führungsverhalten untersucht, inwieweit es Einfluss auf messbare Ergebnisse, z. B. Mitarbeitenden-Engagement, Zielerreichung oder Innovationsfähigkeit hat. Psychologische Sicherheit ist in diesen Studien die vermittelnde Variable, d. h. sie ist die entscheidende Erklärung dafür, dass Führungsverhalten einen solchen Einfluss besitzt[1]. Dies gilt sowohl für die positiven Effekte von Leadership auf individuelle Leistungen im Team (z. B. Bienefeld &

---

[1] In der Forschung spricht man von Moderator- bzw. Mediator-Variablen, wenn man vermittelnde Faktoren definiert. Moderator-Variablen üben Einfluss auf die Höhe der Beziehung zwischen unabhängiger (in unserem Fall z. B. dem Führungsstil) und abhängiger Variable (z. B. der Erreichung von Zielen) auf. Mediator-Variablen stellen den Zusammenhang zwischen zwei Variablen her, der ohne diese kaum oder nicht vorhanden ist. Sie stellen damit die Ursache dar, warum diese Beziehung besteht. Psychologische Sicherheit ist in diesem Falle also verantwortlich dafür, dass der Führungsstil eine hohe, positive Wirkung besitzt oder anders ausgedrückt, ohne psychologische Sicherheit gibt es meist nur einen sehr schwachen Zusammenhang zwischen Führungsstil und Ergebnis.

© Springer Fachmedien Wiesbaden GmbH, ein Teil von Springer Nature 2023
I. Goller und T. Laufer, *Psychologische Sicherheit in Unternehmen*, essentials,
https://doi.org/10.1007/978-3-658-43251-5_4

Tab. 4.1 Untersuchte Führungsverhalten und -stile, die über die vermittelnde Variable der psychologischen Sicherheit positive Arbeitsergebnisse beeinflussen

Führungsverhalten und -stile	Autor*innen
Unterstützende Führungskraft	May et al., 2004
Vertrauen in die Führungskraft	Li & Tan, 2012; Madjar & Ortiz-Walters, 2009; Schaubroeck et al., 2001
Offene Führungskraft	Detert & Burris, 2007
Verhaltensintegrität der Führungskraft	Leroy et al., 2012; Palanski & Vogelsang, 2011
Inkludierende Führungskraft	Hirak et al., 2012; Nembhard and Edmondson, 2006
Transformative Führung	Nemanich & Vera, 2009
Ethische Führung	Walumbwa & Schaubroeck, 2009
Veränderungsorientierte Führung	Ortega et al., 2014
Geteilte Führung	Liu et al., 2014

Grote, 2014) als auch für gemeinsame Leistungen des Teams (z. B. Roberto, 2002). Zusammenfassend lässt sich sagen, dass unterstützende Führungsstile psychologische Sicherheit stärken und darüber wiederum häufiger gewünschte Ergebnisse auftreten bzw. verstärkt werden. Eine kleine Übersicht über untersuchtes Führungskräfteverhalten und untersuchte Führungsstile, denen diese positiven Effekte nachgewiesen werden konnten, wird in der Tab. 4.1 aufgeführt.

In der wissenschaftlichen Literatur werden zwei Gründe angegeben, warum diese Zusammenhänge zwischen unterstützenden Führungsverhalten und -stilen und psychologischer Sicherheit existieren:

1. Die Theorie des sozialen Lernens (Bandura, 1977) beschreibt, dass Menschen u. a. durch Imitation in sozialen Situationen (wie z. B. in Teams) lernen. Die Teammitglieder ahmen also das unterstützende Führungsverhalten nach: sie hören zu, bieten anderen Teammitgliedern Hilfe an, geben transparentes Feedback, usw. (siehe u. a. Hirak et al.; 2012, Liu et al.; 2014, Nemanich & Vera, 2009; Walumbwa & Schaubroeck, 2009).
2. Andere Forscher*innen argumentieren, dass es in diesem Zusammenhang weniger um Lernen als um soziale Austauschprozesse geht. Salopp formuliert könnte man dies als «so wie man in den Wald hineinruft, schallt es zurück»-Verhalten beschreiben. Führungskräfte zeigen ein bestimmtes Verhalten, wie z. B. aktives Zuhören und auf dieses Verhalten wird mit ähnlichem Verhalten reagiert (z. B. Schaubroeck et al., 2011).

Der Unterschied beider Erklärungen erscheint im Ergebnis minimal. Allerdings wird nach der Lerntheorie psychologische Sicherheit dauerhaft gelernt und dadurch auch in anderen Situationen praktiziert. Nach der sozialen Austauschtheorie wird ein solches Verhalten im Team hingegen jeweils nur dann gezeigt, wenn es von der Führungskraft initiiert wird. Diese Kurzfristigkeit und die Annahme, dass im Team dieses Verhalten nur auftritt, wenn es jeweils von der Führungskraft vorgelebt wird, scheint uns zu kurz gegriffen. Autoren wie Alexander Newman und Kolleg*innen (2017) vertreten in ihrem Literatur-Review ebenfalls die These des sozialen Lernens.

Neben der Frage des hilfreichen Führungsverhaltens zeigen Studien, dass psychologische Sicherheit je nach Position in einer Organisation anders empfunden wird. Ingrid Nembhard und Amy Edmondson (2006) fanden in ihrer Studie einen signifikanten Zusammenhang zwischen empfundener psychologischer Sicherheit und der Hierarchiestufe, auf der sich ein Mensch innerhalb einer Organisation befindet. Je höher die Hierarchiestufe, desto höher wurde die psychologische Sicherheit durch die*den Einzelne*n eingeschätzt. Man könnte also sagen, der beste Prädiktor für empfundene psychologische Sicherheit ist die Hierarchiestufe. Dieses Phänomen mag nicht in allen Organisationen und für alle Personen so sein, trifft aber für die große Mehrheit zu. Als Führungskraft sollte man sich daher keinen Illusionen hingeben („Bei uns ist das alles nicht so schlimm, ich fühle mich sicher"). Der Blick auf die Realität ist sehr wahrscheinlich mit einer gewissen Wahrnehmungsverzerrung zugunsten einer positiven Einschätzung behaftet. Diese Erkenntnis stellt Führungskräfte vor die Aufgabe, die eigenen Empfindungen hinsichtlich der psychologischen Sicherheit kritisch zu hinterfragen. Führungskräfte können durch ihre Einschätzung „alles ist ok" ein Teamklima zementieren, das von den meisten anderen Teammitglieder nicht so empfunden wird und eben nicht ok ist.

Die gute Nachricht für Führungskräfte hierbei ist, dass sie über ihr eigenes Verhalten und die eigene Einstellung einen eindeutigen Einfluss auf psychologische Sicherheit ausüben. Im Folgenden werden 3 Fokusse beschrieben, wie dieser Einfluss im Führungsalltag tatkräftig gestaltet werden kann. Diese sind in der Abb. 4.1 illustriert.

4.1 Fokus 1: Lernen bewirken und ermöglichen

Im Kap. 1 werden mit VUCA und BANI die großen Herausforderungen unserer heutigen Arbeitswelt beschrieben. Um sich erfolgreich an die ständig veränderten Umweltbedingungen anzupassen, müssen sich Teams in der Lernzone

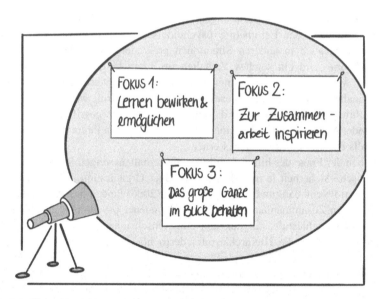

Abb. 4.1 Umsetzungsfokusse Führungskräfte

befinden. In dieser Zone entsteht sowohl eine hohe psychologische Sicherheit als auch eine hohe Verantwortungsübernahme. Die Grafik in Abb. 2.1 zeigt, dass Verantwortungsübernahme und psychologische Sicherheit dabei nicht auf gegensätzlichen Polen eines Kontinuums liegen (entweder Verantwortungsübernahme oder psychologische Sicherheit), sondern positiv zusammenwirken (Abb. 4.2).

In der Lernzone möchten Teammitglieder gemeinsame Ziele erreichen und sich engagieren. Man setzt sich ein und erkundet Wege innerhalb eines tragfähigen Netzes, das auf psychologischer Sicherheit basiert.

Auch in der Komfortzone wird diese Sicherheit von allen Beteiligten empfunden. Ein Kennzeichen dieser Zone ist eine grundsätzliche Zufriedenheit mit dem Status quo. Man ist nett zueinander, spricht durchaus über Ziele oder sinnvolle Maßnahmen. Da jedoch wenig Verantwortung verlangt wird, ist gemeinsames Lernen und Handeln eher von geringer Bedeutung. Weiterentwicklung findet kaum statt.

In der Apathiezone sind weder Verantwortlichkeit noch psychologische Sicherheit ausgeprägt. Die persönlichen Verbindungen der Teammitglieder untereinander sind häufig gestört. Das Klima wird hier als freud- und seelenlos erlebt.

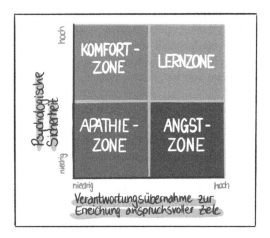

Abb. 4.2 Verantwortungsübernahme und psychologische Sicherheit

Außerdem fehlen das Leistungsdenken und das Verantwortlichkeitsgefühl. In dieser Zone wird eher Dienst nach Vorschrift geleistet.

In der Angstzone erleben Teams das genaue Gegenteil der Lernzone: Es herrscht der Druck einer hohen Verantwortlichkeit bei gleichzeitig geringer psychologischer Sicherheit. Man fühlt sich ständig unter Druck gesetzt und wird dadurch in seiner Verhaltensflexibilität und Reaktionsfähigkeit eingeschränkt. Es kommt zu einem sogenannten Threat-Rigidity-Effekt (dt.: Verhaltensrigiditätseffekt). Dabei geht es nicht unbedingt um eine Bedrohung im Sinne von äußerer Gewalt oder um die Gefahr des Jobverlusts, sondern vielfach um eine Reduzierung des eigenen Selbstverständnisses und Selbstbildes. Chris Argyris liefert in einer Studie ein anschauliches Beispiel. Er untersuchte, inwieweit Berater*innen, die selbst in Kund*innenunternehmen kontinuierliche Verbesserungsprozesse unterstützen, eigenes Lernen gestalten. Als sie selbst gefragt wurden, was man generell in Projekten besser machen könnte, sahen sie ausschließlich ihre Kund*innen und ihre Führungskräfte in der Pflicht, ihr Verhalten zu ändern. Der Blick in den Spiegel, um das eigene Verbesserungspotenzial zu erkennen, fand nicht statt (Argyris, 1991). Die Gründe für dieses Denken liegen auf der Hand. Zum einen arbeiteten die meisten Berater*innen sehr erfolgreich. Sie hatten dabei keine Kultur entwickelt, über eigene Fehler zu sprechen. Solche waren ihnen vielmehr peinlich und man bereitete darüber einen Mantel des Schweigens. Zum anderen sahen sich die Berater*innen als zu professionell

und hoch bezahlt an, um Fehler machen zu dürfen. Das in diesem Fall ausgeprägte Impression Management (siehe Definition im Unterkapitel 2.2) verleitete
sie dazu, ein Bild der Fehlerlosigkeit von sich selbst und ihrer Arbeit zu erschaf-
fen. Die Folgen waren eine gering ausgeprägte Informationsweitergabe und eine
eingeschränkte Bandbreite von möglichen Verhaltensweisen, sodass es kaum zu
Verbesserungen kam.

Manche Aufgaben lassen sich ohne viel Denkarbeit erledigen. Psychologische
Sicherheit ist in solchen Arbeitsgebieten zwar wünschenswert, aber ohne größere
Effekte (Komfortzone). Sie beginnt an Bedeutung zuzunehmen, sobald es darum
geht, gemeinsam Herausforderungen zu bewältigen, besser zu werden, Neues zu
denken und Probleme zu lösen. Führungskräfte können wesentlich dazu beitragen, dass in einem Team die Lernzone und nicht die Apathiezone vorherrscht.
Amy Edmondson (2011) schlägt Führungskräften vor, Aufgaben und Herausforderungen nicht als reines Ausführungsproblem, sondern als Lernaufgabe zu
definieren.

> **Tipp**
> Hierzu empfehlen wir eine kleine Übung. Notieren Sie alle Ziele für sich
> bzw. Ihre Mitarbeitenden, die Sie in den nächsten drei bis sechs Mona-
> ten erreichen wollen. Formulieren Sie als erstes wie gewohnt das Ergebnis.
> Bitte schreiben Sie nun auf, welche Kenntnisse Sie oder Ihre Mitarbeiten-
> den bei der Erreichung des Zieles erlernen können. Was wissen, können,
> erfahren Sie und/oder Ihre Mitarbeitenden hierdurch?

Ein weiterer wichtiger Ansatzpunkt für Führungskräfte, um Lernen zu bewirken
und zu ermöglichen, ist ein konstruktiver Umgang mit Fehlern. In Abschnitt 2.2
haben wir bereits die unterschiedlichen Fehlerarten und die Wichtigkeit des Lernens aus Fehlern beschrieben. Führungskräfte können hier helfen, indem sie
lernen, zwischen unterschiedlichen Fehlertypen zu unterscheiden. Vorhersehbare
und vermeidbare Fehler dürfen tatsächlich nicht gemacht werden, wenn genügend
Können und Erfahrung vorhanden sind. Fehler, die in neuen Situationen entstehen
(sie können trotz aller Vorsicht und Kenntnis entstehen, denn obwohl das Können
vorhanden ist, fehlt die Erfahrung), müssen dagegen besprochen werden. Ziel ist
es, sofort aus den Fehlern zu lernen. „Intelligente" Fehler, bei denen es um den
Erwerb von neuem Wissen, neuen Routinen und neuem Erfahrungsschatz geht,
sind sogar erstrebenswert. Hier befinden sich Menschen im echten Lernbereich
und sollten sich so früh wie möglich ausprobieren, um schnell zu scheitern und
sofort daraus lernen zu können.

Lernen kann grundsätzlich auf zweierlei Arten geschehen: absichtlich und systematisch oder implizit, nahezu unbewusst nebenher. In beiden Fällen geht es darum, sich erfolgreich an seine Umwelt anzupassen (Zimbardo und Gerrig, 1999). Aus der (Schul-)Pädagogik kennt man nur zu gut alle klassischen Rezepte zum bewussten Lernen. Wie aber geschieht das Lernen aus Fehlern, wenn es am Ende nicht darum geht, Noten zu verteilen und als Lehrer*in Beurteilungen abzugeben, sondern in einem vertrauensvollen Rahmen und gemeinsam im Team voranzukommen? Das Schlüsselwort hierzu heißt Reflexion. Reflexion bezieht sich hierbei nicht allein auf Nachdenken und die Diskussion über Fehler, sondern auch auf gemeinsame Lernprozesse und Entscheidungsprozesse (West, 2000; Widmer et al., 2009).

Tipp
Eine kleine Hilfestellung für ein **Team-Reflexionsmeeting** (1–3 h Dauer) bietet die folgende Agenda:

Einstieg. Erklären Sie die Spielregeln; setzen Sie (ggf. gemeinsam) den Fokus des Meetings; eine kleine Anfangs-Aufwärmübung (in agilen Organisationen spricht man vom Check-in). Machen Sie deutlich, dass es hier nicht um reinen Wissenserwerb geht, sondern um kollektives Lernen.

Informationen sammeln. In dieser Phase geht es darum zu verstehen, was im betrachteten Zeitraum (z. B. die letzten beiden Wochen) oder innerhalb des Fokus-Themas (z. B. „Wie gut haben wir zusammengearbeitet?") tatsächlich geschehen ist. Jedes Teammitglied teilt seine Auffassung darüber mit. Dies kann sowohl Fakten (z. B. Ergebnisse, Häufigkeiten) aber auch subjektive Wahrnehmungen (z. B. Gefühle, Eindrücke) umfassen. Ziel ist es, ein gemeinsames Bild zu entwerfen.

Gemeinsame Interpretation. Dies ist ein eigenständiger Schritt, der unbedingt getrennt vom Informations-Sammeln erfolgen soll. Es hilft, wenn es gemeinsame Notizen über das „Warum" gibt. Erst dann sollte zum nächsten Schritt übergegangen werden.

Lösungssuche/aus Fehlern lernen. Die dazu wichtigen Fragen lauten: Was können wir daraus lernen und damit nächstes Mal besser machen? Was hat gut funktioniert und sollte unbedingt beibehalten werden?

Abschluss. Jedes Meeting verdient einen guten Abschluss; z. B. ein Feedback zum Team-Diskussionsprozess oder ein kurzes Statement zum persönlichen Lernerlebnis des heutigen Meetings.

Der dritte Ansatzpunkt für Führungskräfte bezieht sich auf das Anerkennen und Eingestehen der eigenen Fehlbarkeit. Führungskräfte werden oft kritisiert, keine eigenen Schwächen zugeben zu können. Vielmals werden sie aber auch von anderen auf ein Podest gestellt und es wird von ihnen erwartet, im Gegensatz zu allen anderen Menschen unfehlbar zu sein. Die Furcht, der Rolle Führungskraft nicht gerecht zu werden, führt oft zu Impression Management (siehe Abschn. 2.2). Verstärkt wird damit das Verhalten, das psychologische Sicherheit unterminiert. Obwohl es offensichtlich falsch ist, wird gleichzeitig das Bild der unfehlbaren Führungskraft zementiert.

Wie gelingt es nun, dieses Bild abzubauen, ohne den Respekt vor Führungspersonen zu verlieren? Wie findet man zu einem neuen Führungsverständnis, das Lernen ermöglicht? Es beginnt mit einem Eingeständnis. Als Führungskraft muss man es lernen, zu eigenen Fehlern zu stehen, transparent eigene Schwächen zuzugeben und grundsätzlich vom Sockel der Unfehlbarkeit herunterzusteigen. Je hierarchischer ein Unternehmen organisiert ist, je mehr die scheinbare Fehlerlosigkeit einer Führungskraft zelebriert wird, desto schwieriger wird dieser Schritt für eine einzelne Person sein. Es geht also darum interpersonelle Risiken einzugehen, denn die Führungskraft weiß zumindest anfangs nicht, wie das Team reagieren wird.

Wie können für Sie als Führungskraft erste Schritte aussehen, um dieses Verhalten zu zeigen? Hier sind unsere Empfehlungen:

Gestalten Sie den Jahresendreview als gemeinsames Teamevent. Eine der Aufgaben ist es, dass jedes Teammitglied erzählt, wo es dieses Jahr in die Irre gelaufen ist und was es daraus gelernt hat. Die Führungskraft fängt an.

Entschuldigen Sie sich, wenn Sie Unrecht hatten oder stellen Sie klar, wenn Sie falsch lagen. Viele haben bei einem solchen Schritt Angst, dass sie an Autorität einbüßen. Wer folgt schon jemandem, der sich irren kann. Nun: Irren ist menschlich – werden Sie Mensch und haben Sie die Größe, es zuzugeben.

Eigene Fehler einzugestehen (und daraus zu lernen) ist ein wichtiger Schritt, um als Vorbild wirken zu können. Dies fängt schon an, wenn es darum geht, eigene Pläne, Vorschläge oder Initiativen vorzustellen. Viele Führungskräfte stellen ihre Ideen vor und fragen dann, „Noch Fragen?" bzw. „Wie gut findet ihr meinen Vorschlag?". Beide Fragen implizieren, dass an sich kein Feedback oder nur positives gewünscht ist. Die Frage: „Was könnte ich übersehen haben bzw. was habe ich übersehen?" hat zumeist andere Kommentare zur Folge als die erste Form der Nachfrage. Aktiv nach kritischen Punkten fragen und sich diesen auch zu stellen, ohne sofort in Rechtfertigungsmonologe zu verfallen führt langfristig zu einem offenen Klima und zu einer hohen Lernorientierung im Team. Es geht darum, ein „Modell der Neugierde" zu werden. So geht das Stigma der Inkompetenz beim Fragenstellen verloren und Teammitglieder trauen sich auch scheinbar „dumme" Fragen zu stellen.

4.2 Fokus 2: Zur Zusammenarbeit inspirieren

Diese zweite Säule beschäftigt sich damit, wie Führungskräfte die Zusammenarbeit innerhalb eines Teams fördern können. Hier geht es um zweierlei. Einerseits müssen alle Teammitglieder eine positive Haltung zur gegenseitigen Zusammenarbeit entwickeln. Andererseits muss es auch gelingen, konkrete Fertigkeiten und Fähigkeiten zu lernen, um „egal unter welchen Bedingungen" mit anderen Menschen zusammenzuarbeiten und kooperieren zu können.

Wie wichtig Kompetenzen der Zusammenarbeit sind, zeigt sich u. a. in divers zusammengesetzten Teams. Teams, die möglichst heterogen zusammengestellt werden (unterschiedliche Fach- und/oder Kultur-Hintergründe), damit Kreativität entsteht oder sämtliche Fachaspekte eines Projektes abgedeckt werden können, sind theoretisch wesentlich effektiver. Doch nicht nur in Praxisberichten, sondern auch in vielen Forschungsarbeiten bleiben die positiven Effekte in diesen Teams oft genug aus. Die Ergebnisse im Detail zeigen, dass die Teammitglieder weniger mit- als nebeneinander arbeiten und im schlimmsten Fall sogar gegeneinander. Den Ansatzpunkt für Führungskräfte, eine wirksame Kollaboration zu ermöglichen, bietet inklusive Führung (u. a. Finkelstein, 2017). Bei diesem Konzept geht es darum, Mitarbeitende zu (er)hören, sie mit Respekt zu behandeln und dadurch Zusammenarbeit aller Teammitglieder zu fördern. Der Grundgedanke ist, ein Gefühl der Zugehörigkeit zum Team zu fördern und so eine wichtige Grundvoraussetzung zu schaffen, damit Kollaboration und Leistung überhaupt entstehen können.

Zuhören wird hier zu einer der wichtigsten Kompetenzen einer Führungskraft. Allzu oft wird diese als Selbstverständlichkeit angesehen. In der Praxis handelt es sich leider allzu oft um eine selten praktizierte Fertigkeit. Zuhören kostet Energie und Zeit. Es bedeutet wirklich zuhören, nochmals zuhören, dann verstehen und erst danach versuchen zu antworten. Damit wird scheinbar eine Kardinaltugend der Führung außer Kraft gesetzt: sofortige Lösungen zu finden. Da es vielen Führungskräften in Fleisch und Blut übergegangen ist, als Feuerwehrleute Brände aller Art zu bekämpfen, erfordert eine solche Vorgehensweise ein gravierendes Umdenken. Der Charme des Ärmel-Hochkrempelns und „etwas zu tun" verliert an Bedeutung. Das Wort Macher*in erhält in diesem Zusammenhang eine gänzlich andere Bedeutung. Es geht darum, andere (Sichtweisen) zu verstehen und andere machen zu lassen.

Als Führungskraft muss man Sichtweisen der Mitarbeitenden nicht gut finden. Bevor es jedoch zu einer Bewertung kommt, lohnt es sich, die Perspektive, das Gesagte zu „erforschen" und zu verstehen. Dies bedeutet im Wesentlichen, hilfreiche Fragen zu stellen, damit überhaupt ein tiefgreifendes Verständnis entstehen kann. Edgar Schein (2013) hat den dazu passenden Fragestil als demütig beschrieben. Demütig, weil es darum geht, bewusst zunächst auf Beurteilungen und Bewertungen zu verzichten.

Dieses Wechselspiel zwischen bewertungsfreien, „demütigen" Fragen und Zuhören, um des Verstehens willen (und nicht, weil das nächste Argument gut vorbereitet sein will), ermöglicht ein Verständnis, das zu neuen Lösungen und zu anderen Vorgehensweisen führt. Widerspruch ist jederzeit möglich. Nun findet ein echter Austausch statt, denn die unterschiedlichen Argumente wurden wirklich verstanden. So lässt sich ein viel beobachtetes Phänomen außer Kraft setzen: Wir fordern zwar unterschiedliche Perspektiven, akzeptieren sie aber nur dann, wenn sie uns passen (Abb. 4.3).

Die oben beschriebene Haltung und die dazugehörige Kompetenz beziehen sich vor allem auf die Interaktion der Führungskraft mit dem Team. Eine Übung zu mehr Inklusion und in der Folge zur Förderung der Zusammenarbeit ist das Beherzigen des Merkmals *jede*r spricht* in Teammeetings. Führungskräfte können einen wichtigen Beitrag leisten, um dieses Teamverhalten zu ermöglichen. Kommunikative Situationen beeinflussen stark den Grad der empfundenen psychologischen Sicherheit. Jede*r kennt vermutlich den Moment, dass in einem Teammeeting (bleiernes) Schweigen herrscht, aber offiziell die Entscheidung mitgetragen wird. Anschließend hat dann jede*r eine andere, bessere Idee. Nur wurde sie eben von niemandem im Teammeeting vorgebracht. Solche Vorkommnisse werden von Führungskräften oft schicksalshaft hingenommen.

Tipp

Eine einfache Abhilfe besteht darin, eine Strichliste in der nächsten Teamsitzung zu führen. Jede*r Redebeitrag wird festgehalten und zum Schluss einfach ausgezählt, wer wie viel (oder wie oft) geredet hat. Wenn die Unterschiede zu groß sind, wird schnell klar, dass es an Ausgewogenheit in den Redebeiträgen fehlt. Je gleichverteilter die Anzahl (am besten wäre

Abb. 4.3 Positives und negatives Beispiel einer Frage

natürlich nicht nur eine ähnliche Anzahl, sondern auch eine vergleich-
bare Dauer der Beiträge), desto höher ist die psychologische Sicherheit.
Allein die Aufforderung an die Stillen, bitte einen Beitrag zu leisten, und
an die allzu Redefreudigen (meist sind das die Führungskräfte selbst), sich
zurückzuhalten, kann auf Dauer Wunder wirken.

Mit diesem Beispiel wird auch deutlich, dass mit Inspiration nicht lediglich eine
motivierende Ansprache gemeint ist, sondern eine ganze Reihe an Verhaltensweisen, die langfristig Zusammenarbeit in einem Team ermöglicht. Führungskräfte
können mit gutem Beispiel vorangehen und Zusammenarbeit fördern, indem sie
dafür sorgen, dass alle im Team reden, ihre unterschiedlichen Meinungen und

Perspektiven ausdrücken dürfen und verstanden werden. Auf diese Weise fördert die Führungskraft *Voicing*.

▶ **Voicing**

Die Kommunikation von Ideen, Vorschlägen, Bedenken, Informationen zu Problemen oder Meinungen zu arbeitsbezogenen Themen durch eine*n Mitarbeitende*n an Personen, die möglicherweise in der Lage sind, geeignete Massnahmen zu ergreifen, um Verbesserungen oder Veränderungen herbeizuführen (Morrison, 2014).

Ein weiteres wichtiges Verhaltenselement in diesem Zusammenhang ist es, klare Erwartungshaltungen zu äußern. Diese können sich sowohl auf Redebeiträge von anderen beziehen als auch auf die Vertretung anderer Meinungen oder die Übung von Kritik.

Eine klare Erwartungshaltung und die damit verbundene Transparenz hilft auch in schwierigen Zeiten weiter. 2023 wurde viel diskutiert, ob die Entlassungswelle bei Google die psychologische Sicherheit gefährdet hat. Schaut man sich die Beiträge, die eine solche Meinung unterstützt haben, genauer an, fällt auf, dass die nicht mehr vorhandene psychologische Sicherheit nicht unbedingt mit den Entlassungen per se in Verbindung gebracht wurde, sondern vielmehr mit der intransparenten Vorgehensweise. Es geht also offensichtlich darum, transparent darüber zu sprechen, was passieren soll und damit auch, Erwartungen klar zu äußern und über Hintergründe zu informieren. Psychologische Sicherheit ist auch in unsicheren Zeiten möglich und hilfreich.

Man könnte sogar argumentieren, dass gerade dann psychologische Sicherheit besonders wichtig wird. Zur Zusammenarbeit zu inspirieren, bedeutet zudem vor allem ein Vorleben der Führungskraft. Es äußert sich darin, Entscheidungen und Einschätzungen nicht überstürzt zu treffen und einen Fokus auf den Aufbau bzw. Erhalt von sinnvollen Beziehungen zu legen. Eine solche Handlungsweise gelingt nicht von allein, sondern indem Sinn und Zweck sowie Ziele des Teams definiert werden. Damit beschäftigt sich das nächste Unterkapitel.

4.3   Fokus 3: Das Grosse und Ganze im Blick behalten

In diesem Unterkapitel geht es darum, Rahmenbedingungen für das gesamte Team zu gestalten. Der Fokus liegt hierbei auf Sinn und Zweck eines Teams (Purpose), auf Vision und Zielsetzungen. Solche Rahmenbedingungen ermöglichen und erleichtern Verantwortungsübernahme von einzelnen Teammitgliedern.

Gleichzeitig lässt sich so auch ein Gefühl von Zugehörigkeit zum Team fördern, denn mit dem Blick auf das Gesamte können sich Teammitglieder leichter verpflichten als ohne.

Der Führungskraft kommen hierbei zwei große Aufgaben zu: Zum einen initiiert sie Vision, Purpose und Zielsetzung und sorgt dafür, dass diese drei Grundlagen im Team angegangen werden, zum anderen sorgt sie dafür, dass diese im Alltagsleben nicht in Vergessenheit geraten.

▶ Purpose

Beim Purpose handelt es sich um den Grund, Sinn und Zweck, warum ein Team (oder Unternehmen) existiert. Er beantwortet Fragen wie: Warum macht man die Arbeit, die man macht? Welche großen Probleme werden dadurch gelöst oder welche Bewegung wird unterstützt? Was sind Konsequenzen, wenn diese Arbeit nicht erledigt werden würde? Warum lohnt es sich in diesem Team zu arbeiten? Ein Purpose widerspiegelt die grundsätzlichen Werte, die Moral und die Überzeugungen eines Teams, einer Organisationseinheit oder eines Unternehmens (Croneberger, 2020).

Zumeist werden in der Literatur die Wirkungen eines Purpose auf der Unternehmensebene beschrieben. Es zeigt sich, dass sich ein klar formulierter Purpose generell positiv auf Motivation und Engagement der Mitarbeitenden auswirkt (z. B. Gartenberg et al., 2016; Van Tuin et al., 2020). Es ist unmittelbar einleuchtend, dass solche Effekte entstehen, wissen doch Mitarbeitende nun, warum und wofür sie sich engagieren. Ein akzeptierter Purpose ermöglicht es den Mitwirkenden, in größeren Einheiten Sinnhaftigkeit in der Arbeit zu erkennen. Die gleichen Wirkungen können auch auf Teamebene beobachtet werden.

Im besten Falle ist ein Purpose eines Teams so knapp formuliert, dass er Platz auf einer Serviette findet. Es geht also nicht um langatmige Erklärungen. Eine prägnante Zusammenfassung, wofür dieses Team steht und warum es das tut, was es tut, bleibt haften und wird erinnert. Auf diese Weise werden Fragen beantwortet wie: Warum gibt es uns als Team?, Warum sind wir wichtig?, Warum lohnt es sich, dass wir zusammenarbeiten?, Wie wollen wir dies erreichen?.

Tipp zur Erstellung eines Team-Purpose
Eine einfache Möglichkeit, einen Team-Purpose zu entwerfen, besteht darin, drei Bestandteile in einem Satz zusammenzufügen:

- Beschreibung was getan wird bzw. wofür das Team verantwortlich ist

- Beschreibung der Zielgruppe, des Marktes, also für wen etwas getan wird
- Beschreibung welches Problem gelöst wird oder welche Lösung zur Verfügung gestellt wird, also welcher Wert erbracht wird
- Wir _____ (arbeiten, erreichen, gestalten, kreieren) für/mit _____ _____ (definierte Zielgruppe, Markt, Länder), indem wir _____ _____ leisten.

Der Team-Purpose sollte nicht mehr als 15 Wörter enthalten, keine Worthülsen enthalten und in der Gegenwart geschrieben sein.

Bestenfalls wird der Purpose gemeinsam mit dem gesamten Team formuliert oder zumindest diskutiert. Ähnliches gilt auch für die Zielsetzungen im Team. Vereinfacht kann man sagen, je mehr Beteiligung des Teams, desto höher fällt die Akzeptanz aus.

Neil R. Anderson und Michael A. West (1998) beschreiben neben der Akzeptanz drei weitere wichtige Faktoren, damit Visionen und Zielsetzungen wirken können:

- Klarheit,
- visionäre Ausrichtung,
- (prinzipielle) Erreichbarkeit und
- sie werden von allen, die an der Zielerreichung beteiligt sind, geteilt.

Werden diese Kriterien nicht erfüllt, bleiben sie hingegen mehr oder weniger wirkungslos. Klarheit beschreibt die Wichtigkeit, dass Visionen (und auch Ziele) transparent und verständlich formuliert werden und damit von allen ähnlich verstanden werden (können). Oft bleiben Visionen leider eher unspezifisch und generell. Gut formulierte Visionen enthalten dagegen genügend Details, damit andere sie verstehen und übernehmen können. Wichtig ist, dass über sie geredet und sie geteilt werden. Ideal ist es, wenn man zu ihrem Aufbau beitragen kann. In vielerlei Hinsicht geht es um das Erzählen einer guten Geschichte. Man beginnt mit einer einfachen Skizze und arbeitet sie immer mehr aus, verfeinert sie, verändert sie – behält aber die Kernidee bei. Visionen enthalten immer einen direkten Bezug zum Warum (Purpose) und ermöglichen so, dass Teammitglieder auch gerne einen Betrag zum Wie – also der Umsetzung – liefern.

Leider gibt es kein Rezeptbuch für eine perfekte Teamvision. Viele sogenannte Teamvisionen sind zu operativ ausgerichtet, um wirklich einen motivationalen Faktor für die Teammitglieder zu besitzen. Oder sie werden nicht Adressat*innengerecht entwickelt. Nummer eins am Markt zu sein, mag für das Management große Bedeutung besitzen, lockt viele der Mitarbeitenden jedoch eher wenig. Damit eine Teamvision wirksam ist, muss eine gemeinsame Ausrichtung entstehen, die eine sinnhafte Betätigung auch auf der Mitarbeitenden Ebene ermöglicht. Ein weiterer Fallstrick liegt in der Art der Formulierung. Aus der Mentalforschung stammt die Erkenntnis, dass Annäherungsziele, also Visionen und Ziele, die ein positives Ergebnis beschreiben, deutlich mehr Wirkung zeigen als Vermeidungsziele. Bei Letzteren bleibt der Problemzustand stets mental repräsentiert und es werden eher negative Gefühle aufrechterhalten. Annäherungsziele dagegen können Inspiration und Motivation wecken (Elliot & McGregor, 1999).

Toyotas Erfolg lässt sich u. a. auf Visionen und Prinzipien, die in den 1930er Jahren entstanden sind, zurückverfolgen. Im Mittelpunkt dieses Denkens steht die Idee der Mitarbeitenden-Beteiligung. Es wird von jeder und jedem erwartet, das Unternehmen bei der Bewältigung seiner zahlreichen Herausforderungen in Bezug auf Wachstum und Nachhaltigkeit mit Ideen und eigenen Beiträgen zu unterstützen. Das Ergebnis ist, dass der „Toyota-Weg" jedes Jahr einen stetigen Strom von Millionen von Ideen seiner Mitarbeiter*innen ermöglicht – eine herausragende Ressource, die aber nur dann wirksam ist, wenn diese Vorschläge auf ein Hauptziel ausgerichtet werden können. Andernfalls entstünde lediglich ein Feuerwerk, das am Himmel funkelt und blinkt, aber letztendlich wirkungslos verblasst. Toyota (und viele andere erfolgreiche Unternehmen) schaffen dies, indem sie klare Visionen vorgeben, die den Prozess der Ideengenerierung und -umsetzung leiten. Die Methodik nennen sie „Hoshin Kanri", ein aus dem Japanischen stammender Begriff, der Kompassnadel-Management oder -Planung bedeutet. Die damit entstehende Klarheit ermöglicht es auch auf Teamebene Aktivitäten, Diskussionen und Ideen zu bündeln und erfolgreich auszurichten.

Studien zeigen auf, dass die Erreichbarkeit von Visionen und Zielsetzungen wichtig ist. Teams (und Individuen) engagieren sich mehr, wenn sie harte, aber erreichbare Ziele erhalten, als wenn sie einfache oder unspezifische Ziele bekommen bzw. keine Ziele. Edwin Locke und Gary Latham (2002) haben für ihre Theorie mehr als 400 Studien ausgewertet. Die Ergebnisse haben gezeigt, dass Ziele Menschen motivieren, sich anzustrengen. Der Erfolg, Ziele bzw. Teilziele zu erreichen, führt wiederum zu positivem Feedback und weiterer Motivation. Ziele und Visionen, die als absolut unrealistisch angesehen werden, haben den gegenteiligen Effekt. Menschen versuchen nicht einmal, als unrealistisch empfundene Ziele zu erreichen.

Die Frage ist nun, wie Ziele gesetzt werden sollen, um eine optimale Wirkung für Teams zu entfalten. Eine Meta-Analyse zum Thema legt nahe, dass spezifische und gleichzeitig schwierige Gruppenziele zu einer höheren Gruppenleistung führen als (a) unspezifische Ziele oder (b) spezifische leichte Gruppenziele (Kleingeld et al., 2001). Mit anderen Worten: Die stärkste Wirkung entfaltet das Streben nach einem Ziel, das scharf umrissen, aber auch schwer zu erreichen ist. Dieser Spagat lässt in der Praxis oft nicht mit einem Wurf erreichen. Führungskraft und Team müssen meist mehrere Schlaufen durchlaufen, um eine gute Vision und solche wirksamen Ziele zu formulieren.

Viele Führungskräfte fürchten das sogenannte „soziale Faulenzen", wenn sie via Teamziele führen. Damit wird beschrieben, dass sich einzelne Teammitglieder nicht mehr aktiv an einer Zielerreichung beteiligen, wenn sie sich nicht direkt angesprochen fühlen. Studien über die Zielsetzung in Teams deuten jedoch darauf hin, dass dieser Effekt geringer ist als erwartet; das Gefühl der gegenseitigen Abhängigkeit scheint dem entgegenzuwirken, insbesondere wenn das Team vor einer schwierigen Aufgabe steht. Mit anderen Worten: Das Gefühl, Teil eines Teams zu sein, das aufeinander angewiesen ist, motiviert Menschen, ihr Bestes zu geben.

Das letzte Kriterium der Autoren Anderson und West beschreibt, inwieweit ein Ziel von allen Teammitgliedern akzeptiert wird. Studien deuten darauf hin, dass Teams, bei denen die Möglichkeit besteht, den Prozess mitzugestalten, besser in der Umsetzung sind als Teams, die nur „Befehlsempfänger*innen" sind. Wie bei vielen psychologischen Forschungsarbeiten wurden die meisten Studien in einer Laborumgebung durchgeführt, sodass die Ergebnisse mit einer gewissen Vorsicht zu betrachten sind. Aus der eigenen Erfahrung in der Praxis zu urteilen, können wir hier jedoch uneingeschränkt zustimmen.

Teams sind eine Ansammlung von Individuen. Für Führungskräfte stellt sich daher die Frage nach der Abstimmung der individuellen Ziele mit denen des Teams. Eine nützliche Einteilung wird von Deborah Crown und Joseph Rosse (1995) getroffen. Sie sprechen von egozentrischer und gruppenzentrierter Zielsetzung. Egozentrische individuelle Ziele konzentrieren sich auf die Maximierung der individuellen Leistung. Sie argumentieren, dass diese Ziele nur das Engagement für die individuelle Leistung fördern und die Möglichkeit des Wettbewerbs zwischen den Teammitgliedern erhöhen. Gruppenzentrierte individuelle Ziele konzentrieren sich darauf, wie die*der Einzelne einen maximalen Beitrag zur Gruppenleistung leisten kann. Diese Ziele sollten das Engagement für die Gruppenleistung und nicht nur für die individuelle Leistung fördern. Daher wäre die Zusammenarbeit zwischen den Teammitgliedern die ideale Strategie zur Leistungsmaximierung. Sie fanden einen positiven Effekt gruppenzentrierter Ziele auf die Teamleistung und einen signifikant negativen Effekt egozentrischer Ziele auf die Gruppenleistung.

Die in diesem Kapitel beschriebenen drei Säulen – Lernen ermöglichen, zur Zusammenarbeit inspirieren und das große Ganze und Ganze im Blick halten – helfen, psychologische Sicherheit im eigenen Umfeld zu fördern. Führungskräfte sind dabei besonders gefordert. Psychologische Sicherheit verlangt ein Umdenken und anderes Verhalten von Führungskräften, dass jeden Tag gelebt werden muss, um wirksam zu sein. Die Förderung von psychologischer Sicherheit ist eine dauerhafte Aufgabe und kein Projekt, dass abgeschlossen werden kann. Gleichzeitig wird durch diese Vorbildfunktion für alle Teammitglieder deutlich, dass sie auch umdenken und neue Verhaltensweisen lernen müssen, um dauerhaft erfolgreich zu sein. In uns Menschen ist ein Gerechtigkeitsempfinden angelegt, das bei jeder*m von uns festlegt, was ein Gegenüber von einem selbst verlangen darf. Es hilft uns zwischen berechtigten und unberechtigten Forderungen zu entscheiden. Berechtigte Forderungen werden auch ohne großen Druck und Kontrolle erfüllt, während als unberechtigt eingestufte Forderungen ausgesessen, nur mit Widerwillen, halbherzig oder eben gar nicht ausgeführt werden. Wirken Führungskräfte als Rollenvorbild, so können sie gleiches oder ähnliches Verhalten berechtigterweise auch von anderen verlangen. Es geht also nicht um das Wegweiser Prinzip der Führung, sondern tatsächlich um eine Vorbildfunktion.

Die gute Nachricht für Führungskräfte ist dabei, dass sie, genau wie alle anderen auch, Fehler machen dürfen, dabei lernen können und Perfektionismus nicht der Maßstab ist. Es geht darum, so gut wie irgend möglich zu sein und ständig dazuzulernen, um besser zu werden. Führungskräfte müssen lernen, ihre eigenen Verletzlichkeiten und Imperfektionen zu erkennen, anzuerkennen und mit dem Team zu teilen. Dies bedingt, dass „Selbstfürsorge" und Self-Leadership ein integraler Bestandteil der Führungsarbeit sind. Teams und deren Mitglieder müssen lernen, dass Führungskräfte nicht dann gut sind, wenn sie als (scheinbar) perfekt auftreten und empfunden werden, sondern wenn sie lernfähig sind. Dies bedingt auch, dass Mitarbeitende klassische Führungsbilder für sich neu definieren und dies akzeptieren.

Der Vorteil liegt auf der Hand: Mitarbeitende und Führungskräfte arbeiten gemeinsam und mit menschlichem Verständnis füreinander, sodass ein grandioses Ergebnis dauerhaft erreicht werden kann.

Die Essenz der psychologischen Sicherheit oder: Wie Hochleistungsteams wirklich funktionieren – Zusammenfassung und Ausblick

5

Das Klima, in dem erfolgreiche Teams arbeiten, ist für viele schwer in Worte zu fassen. Der Begriff der psychologischen Sicherheit bietet eine treffsichere Beschreibung. Psychologische Sicherheit beinhaltet die gemeinsame Überzeugung der Teammitglieder, dass es sicher ist, im Team ein Risiko einzugehen, dass es in Ordnung ist, seine Meinung zu äußern, dass jede Stimme im Team zählt, dass aus Fehlern gelernt werden kann, dass jede*r im Team Talente mitbringt und diese entsprechend genutzt werden und dass um Hilfe bitten vorteilhaft für das Team ist. Genau dieses Klima macht Teams erfolgreich und lässt die Vorteile der Teamarbeit erst nutzbar werden.

Bekannte Wissenschaftler*innen wie Edgar Schein, William Kahn oder Amy Edmondson haben sich in den letzten Jahren mit den Merkmalen und den Auswirkungen dieses Phänomens beschäftigt. Alle durchgeführten Studien der letzten Jahre kommen zum Schluss, dass psychologische Sicherheit einer der entscheidenden Erfolgsfaktoren für Teamleistung ist (Übersichtsartikel siehe: Edmondson und Lei, 2014; Rozovsky, 2015; Newman et al., 2017; Edmondson und Bransby, 2023).

Viele Theorien zu Erfolgsfaktoren der Teamarbeit beschränken sich auf die Rahmenbedingungen des (Arbeits-)Systems oder setzen bei Merkmalen einzelner Personen an. Das Klima der psychologischen Sicherheit lässt sich aus dem Team heraus stärken. Dennoch, eine zentrale Rolle fällt dabei der Führungskraft zu, die als Vorbild agieren muss, die Aufgaben als Lernaufgaben beschreibt und das Team dabei unterstützt zusammenzuarbeiten. Auch und gerade in nicht hierarchisch aufgestellten Teams ist eine solche Dynamik von großer Bedeutung.

Unterstützung der Führungskraft und das Einüben hilfreicher Verhaltensweisen im hierarchischen oder auch im nicht-hierarchischen Team wirken allerdings nur dann, wenn wirklich alle mitarbeiten. Psychologische Sicherheit ist kein Zuschauersport. Alle Teammitglieder sind am Ende für das entsprechende Klima

© Springer Fachmedien Wiesbaden GmbH, ein Teil von Springer Nature 2023
I. Goller und T. Laufer, *Psychologische Sicherheit in Unternehmen*, essentials,
https://doi.org/10.1007/978-3-658-43251-5_5

verantwortlich. Keine*r darf außen vorbleiben, wenn es darum geht, gemeinsam Ziele zu erreichen und dafür die konstruktive Basis zu schaffen. Psychologische Sicherheit ergibt sich leider nicht von selbst oder entsteht von allein nach einem Teamevent. Wie sich alles in der heutigen Zeit in Bewegung befindet, so bleibt auch das Teamklima in Bewegung. Die gute Botschaft dabei ist: Man kann Meister*in der psychologischen Sicherheit im Team werden. Hierzu helfen die zehn beschriebenen Übungstipps. Natürlich ist es hier wie im Sport: In diesem Jahr eine Meisterschaft zu gewinnen, bedeutet noch lange nicht, sie auch im nächsten Jahr verteidigen zu können. Regelmäßiges Training ist notwendig. Ein Team muss immer wieder innehalten, um den Status quo des Teamklimas zu bestimmen, daraus Handlungsmaßnahmen für den Alltag abzuleiten und diese dann in den Alltag zu integrieren.

Was wäre, wenn wir alle in einer Atmosphäre psychologischer Sicherheit arbeiten würden? Ohne Zukunftsspekulation zu betreiben, ist die Antwort eindeutig: Unsere Arbeitswelt wäre in vielfacher Hinsicht besser und gesünder. Eine psychologisch sichere Arbeitsatmosphäre war schon in der VUCA-Welt ein essenzieller Faktor, um als Team erfolgreich zu sein. Ihre zentrale Rolle hat sich mit dem Übergang zur BANI-Welt noch verstärkt. Unternehmen und Teams, die in einer von Unwägbarkeit gekennzeichneten Welt bestehen wollen, müssen sich notwendigerweise schneller als bisher verändern. Diesen Herausforderungen sehen sich fast alle Branchen ausgesetzt: ein Start-up-Unternehmen, das Software entwickelt, ist genauso darauf angewiesen wie ein Krankenhaus, das dem Kostendruck, aber auch dem Bewertungsdruck der Patient*innen im Internet ausgesetzt ist. Das Gleiche gilt für alteingesessene Autohersteller*innen, die dem Druck durch neue Technologien und Qualitätsanforderungen der Verbraucher*innen ausgesetzt sind.

Dem standzuhalten, wird ohne Investitionen in den zwischenmenschlichen Faktor nicht möglich sein. Nur wenn eine hohe Leistungsbereitschaft auf eine konstruktive Zusammenarbeit trifft, die Teammitglieder sich also in der Lernzone befinden, werden wir auch den kommenden Unwägbarkeiten nachhaltig begegnen können und das sowohl in Teams als auch in Unternehmen. Dies erfordert kontinuierliches Lernen, Mitarbeiter*innenengagement, erfolgreiche Prozessveränderung sowie Förderung von Innovation – alles Faktoren, die empirisch belegt durch psychologische Sicherheit gestärkt werden.

Einen ersten Schritt sind Sie bereits gegangen. Sie haben sich Hintergrundwissen angeeignet und ein besseres Verständnis für psychologische Sicherheit entwickelt. Wir wünschen Ihnen viel Erfolg für weitere Schritte und Ihr Training, um die Meisterschaft in psychologischer Sicherheit zu erlangen.

Was Sie aus diesem *essential* mitnehmen können

- Was eine Atmosphäre der psychologischen Sicherheit bedeutet und warum sie DER Erfolgsfaktor in der Zusammenarbeit von Teams ist
- Welche aktuellen Herausforderungen der Arbeitswelt die Stärkung der psychologischen Sicherheit noch essenzieller machen und welche Effekte dies mit sich bringt
- Welche Werkzeuge Sie nutzen können, um psychologische Sicherheit aufzubauen und zu stärken
- Wie Sie psychologische Sicherheit in Teams als Führungskraft langfristig stärken

© Springer Fachmedien Wiesbaden GmbH, ein Teil von Springer Nature 2023
I. Goller und T. Laufer, *Psychologische Sicherheit in Unternehmen*, essentials,
https://doi.org/10.1007/978-3-658-43251-5

Literatur

Alper, S., Tjosvold, D., & Law, K. S. (1998). Interdependence and Controversy in Group Decision Making: Antecedents to Effective Self-Managing Teams. *Organizational Behavior and Human Cecision Processes, 74*(1), 33–52.

Anderson, N. R., & West, M. A. (1998). Measuring climate for work group innovation: Development and validation of the Team Climate Inventory. *Journal of Organizational Behavior, 19*(3), 235–259.

Argyris, C. (1982). *Reasoning, Learning and Action: Individual and Organizational.* Jossey-Bass.

Argyris, C. (1991). Teaching Smart People how to Learn. *Harvard Business Review, 4*(2), 4–15.

Argyris, C. & Schön, D. (1978). *Organizational Learning: A Theory of Action: Perspective.* Addison-Wessley.

Aron, A., Melinat, E., Aron, E. N., Vallone, R. D., & Bator, R. J. (1997). The Experimental Generation of Interpersonal Closeness: A Procedure and Some Preliminary Findings. *Personality and Social Psychology Bulletin, 23*(4), 363–377. https://doi.org/10.1177/014 6167297234003

Baer, M., & Frese, M. (2003). Innovation is not enough: Climates for initiative and psychological safety, process innovations, and firm performance. *Journal of Organizational Behavior, 24,* 45–68.

Bandura, A. (1977). Self-efficacy: Toward a unifying theory of behavioral change. *Psychological Review, 84*(2), 191–215. https://doi.org/10.1037/0033-295X.84.2.191

Beck, K., Beedle, M., Van Bennekum, A., Cockburn, A., Cunningham, W., Fowler, M., Grenning, J., Highsmith, J., Hunt, A., Jeffries, R., Kern, J., Marick, B., Martin, R. C., Mellor, S., Schwaber, K., Sutherland, J. & Thomas, D. (2001). *Manifest für agile Softwareentwicklung.* http://agilemanifesto.org/iso/de/manifesto.html

Bienefeld, N., & Grote, G. (2014). Speaking up in ad hoc multiteam systems: Individual-level effects of psychological safety, status, and leadership within and across teams. *European Journal of Work and Organizational Psychology, 23*(6), 930–945. https://doi.org/10.1080/1359432X.2013.808398

Brown, B. (2010). The power of vulnerability [Video]. TED Talks. https://www.ted.com/talks/brene_brown_the_power_of_vulnerability.

Brown, B. (2018). *Dare to Lead.* Vermilion.

© Springer Fachmedien Wiesbaden GmbH, ein Teil von Springer Nature 2023
I. Goller und T. Laufer, *Psychologische Sicherheit in Unternehmen*, essentials,
https://doi.org/10.1007/978-3-658-43251-5

Burton, T. (2014). *By Learning From Failures, Lilly Keeps Drug Pipeline Full.* The Wall Street Journal. https://www.wsj.com/articles/SB108249266648388235.

Croneberger, J. (2020, 4. März). Vision, Mission And Purpose: The Difference. *Forbes.* https://www.forbes.com/sites/forbescoachescouncil/2020/03/04/vision-mission-and-purpose-the-difference/?sh=78689b56280e.

Crown, D. F., & Rosse, J. G. (1995). Yours, mine, and ours: Facilitating group productivity through the integration of individual and group goals. *Organizational Behavior and Human Decision Processes, 64,* 138–150.

Duhigg, C. (2016, 25. Februar). *What Google Learned From Its Quest to Build The Perfect Team.* The New York Times. https://www.nytimes.com/2016/02/28/magazine/what-google-learned-from-its-quest-to-build-the-perfect-team.html?smid=pl-share&_r=1.

Detert, J. R., & Burris, E. R. (2007). Leadership behavior and employee voice: Is the door really open? *Academy of Management Journal, 50,* 869–884.

Edmondson, A. (1999). Psychological Safety and Learning Behavior in Work Teams. *Administrative Science Quarterly, 44*(2), 350–383. https://doi.org/10.2307/2666999.

Edmondson, A. (2011). *Strategies for Learning from Failure.* Harvard Business Review. https://hbr.org/2011/04/strategies-for-learning-from-failure.

Edmondson, A. & Lei, Z. (2014). Psychological Safety: The History, Renaissance, and Future of an Interpersonal Construct. *The Annual Review of Organizational Psychology and Organizational Behavior, 1,* 23–43. https://www.researchgate.net/publication/275070993_Psychological_Safety_The_History_Renaissance_and_Future_of_an_Interpersonal_Construct.

Edmondson, A. (2014a). *Building a psychologically safe workplace.* Harvard Business School. https://www.hbs.edu/news/articles/Pages/hbs-ted-talks.aspx.

Edmondson, A. (2014b, 1. August). *The Competitive Imperative of Learning.* Harvard Business Review. https://hbr.org/2008/07/the-competitive-imperative-of-learning.

Elliot, A. J., & McGregor, H. A. (1999). Test anxiety and the hierarchical model of approach and avoidance achievement motivation. *Journal of Personality and Social Psychology, 76*(4), 628–644. https://doi.org/10.1037/0022-3514.76.4.628

Finkelstein, S. (2017, 13. Juli). *4 Ways Managers Can Be More Inclusive.* Harvard Business Review. https://hbr.org/2017/07/4-ways-managers-can-be-more-inclusive.

Gartenberg, C. M., Prat, A. & Serafeim G., (2016). Corporate Purpose and Financial Performance. *Columbia Business School Research Paper.* 16–699. https://repository.upenn.edu/mgmt_papers/274.

Grabmeier, S. (2020). *BANI vs. VUCA.* Stephan grabmeier – inspiring to empower. https://stephangrabmeier.de/bani-vs-vuca/#infografik.

Grant, H. (2018). *Reinforcements: How to Get People to Help You.* Harvard Business Review Press.

Goffman, E. (2003). *Wir alle spielen Theater.* Die Selbstdarstellung im Alltag: Piper Verlag.

Goller, I. & Bessant, J. (2017). *Creativity for Innovation Management.* Routeledge.

Hirak, R., Pang, A. C., Carmeli, A., & Schaubroeck, J. M. (2012). Linking leader inclusiveness to work unit performance: The importance of psychological safety and learning from failures. *The Leadership Quarterly, 23,* 107–117.

Janis, I. L. (1972). *Victims of Groupthink: A Psychological Study of Foreign-Policy Decisions and Fiascoes.* Houghton Mifflin.

Kahn, W. A. (1990). Psychological conditions of personal engagement and disengagement at work. *The Academy of Management Journal, 33*(4), 692–724. https://www.jstor.org/stable/256287.

Kleingeld, A., van Mierlo, H., & Arends, L. (2011). The effect of goal setting on group performance: A meta-analysis. *Journal of Applied Psychology, 96*(6), 1289–1304.

Kobe, C., Goller, I., Jud, S., Hertach, C., & Tscharner, R. (2022). *Psych Safety Training. Programm zur Steigerung der psychologischen Sicherheit im Team.* https://www.psych-safety.org/training.

Kühne De Haan, L. (2001). *Ja, aber...: Die heimliche Kraft alltäglicher Worte und wie man durch bewusstes Sprechen selbstbewusster wird.* Nymphenburger Verlag.

Leroy, H., Dierynck, B., Anseel, F., Simons, T., Halbesleben, J. R. B., & McCaughey, D. (2012). Behavioral integrity for safety, priority of safety, psychological safety, and patient safety: A team-level study. *Journal of Applied Psychology, 97*, 1273–1281.

Li, A. N., & Tan, H. H. (2012). What happens when you trust your supervisor? Mediators of individual performance in trust relationships. *Journal of Organizational Behavior, 34*, 407–425.

Lindinger, C. & Zeisel, N. (2013). *Spitzenleistung durch Leadership.* Springer Fachmedien.

Liu, S., Hu, J., Li, Y., Wang, Z., & Lin, X. (2014). Examining the cross-level relationship between shared leadership and learning in teams: Evidence from China. *The Leadership Quarterly, 25*, 282–295.

Locke, E. A., & Latham, G. P. (2002). Building a practically useful theory of goal setting and task motivation. *American Psychologist, 57*, 705–717.

Madjar, N., & Ortiz-Walters, R. (2009). Trust in supervisors and trust in customers: Their independent, relative, and joint effects on employee performance and creativity. *Human Performance, 22*, 128–142.

May, D. R., Gilson, R. L., & Harter, L. M. (2004). The psychological conditions of meaningfulness, safety and availability and the engagement of the human spirit at work. *Journal of Occupational and Organizational Psychology, 77*(1), 11–37. https://doi.org/10.1348/096317904322915892.

Mayer, R. C., Davis, J. H., & Schoorman, F. D. (1995). An Integrative Model of Organizational Trust. *Academy of Management Review, 20*(3), 709–734.

Morrison, E. W. (2014). Employee voice and silence. *Annual Review of Organizational Psychology and Organizational Behavior, 1*, 173–197. https://doi.org/10.1146/annurev-orgpsych-031413-091328.

Nemanich, L. A., & Vera, D. (2009). Transformational leadership and ambidexterity in the context of an acquisition. *The Leadership Quarterly, 20*, 19–33.

Nembhard, I. M., & Edmondson, A. (2006). Making it safe: The effects of leader inclusiveness and professional status on psychological safety and improvement efforts in health care teams. *Journal of Organizational Behavior, 27*(7), 941–966.

Newman, A., Donohue, R., & Eva, N. (2017). Psychological safety: A systematic review of the literature. *Human Resource Management Review, 27*(3), 521–535. https://doi.org/10.1016/j.hrmr.2017.01.001.

Ortega, A., Van den Bossche, P., Sanchez-Manzanares, M., Rico, R., & Gil, F. (2014). The influence of change-oriented leadership and psychological safety on team learning in healthcare teams. *Journal of Business and Psychology, 29*, 311–321.

Palanski, M. E., & Vogelgesang, G. R. (2011). Virtuous creativity: The effects of leader behavioural integrity on follower creative thinking and risk taking. *Canadian Journal of Administrative Sciences, 28*, 259–269.

Patterson, K., Grenny, J., McMillan, R. & Switzler, A. (2012). *Heikle Gespräche.* Linde Verlag.

Re: Work (o. D.). *Guide: Understand team effectiveness.* https://rework.withgoogle.com/gui des/understanding-team-effectiveness/steps/introduction/.

Roberto, M. A. (2002). Lessons from Everest: The interaction of cognitive bias, psychological safety, and system complexity. *California Management Review, 45*(1), 136–158.

Rozovsky, J. (2015). *The five keys to a successful Google teasm.* Re: Work. https://rework. withgoogle.com/blog/five-keys-to-a-successful-google-team/.

Sandberg, S. (2015). *Lean In: Frauen und der Wille zum Erfolg.* Ullstein Verlag.

Schein, E. & Bennis, W. (1965). *Personal and Organizational Change via Group Methods* (4. Aufl.). Wiley.

Schein, E. H. (2010). *Organizational Culture and Leadership.* Wiley.

Schein, E. H. (2013). *Humble Inquiry: The Gentle Art of Asking Instead of Telling.* Berrett-Koehler Publishers.

Schinkels, P. (2014, 08. Oktober). *Plädoyer für eine neue Kultur des Scheiterns. Macht mehr Fehler!* Spiegel Job & Karriere. http://www.spiegel.de/karriere/fehler-kultur-angst-einen-fehler-zu-machen-a-994442.html.

Schaubroeck, J., Lam, S. S. K., & Peng, A. C. Y. (2011). Cognition-based and affect-based trust as mediators of leader behavior influences on team performance. *Journal of Applied Psychology, 96*, 863–871.

Schwaber, K. & Sutherland, J. (2020). Der Scrum Guide Der gültige Leitfaden für Scrum: Die Spielregeln. https://scrumguides.org/docs/scrumguide/v2020/2020-Scrum-Guide-German.pdf.

Schüttelkopf, E. (2006). *So verwandeln Manager Fehler in große Erfolge.* http://www.fehler kultur.com/fileadmin/documents/Wirtschaftsblatt_24.11.06_So_verwandeln_Manger_Fehler_in_grosse_Erfolge.pdf.

Seligman, M. E. (2012). *Flourish – Wie Menschen aufblühen.* Kösel Verlag.

Sitkin, S. B. (1992). LEARNING FROM FAILURE – THE STRATEGY OF SMALL LOS-SES. *Research in Organizational Behavior, 14*, 231–266.

Stewart, H. (2015, 08. Juni). *8 companies that celebrate mistakes.* happy. https://www.happy. co.uk/8-companies-that-celebrate-mistakes/.

Thau, S., Bennett, R. J., Mitchell, M. S., & Mitchell, M. B. (2009). How management style moderates the relationship between abusive supervision and workplace deviance: An uncertainty management theory perspective. *Organizational Behavior and Human Decision Processes, 108*(1), 79–92. https://doi.org/10.1016/j.obhdp.2008.06.003.

Van Tuin, L., Schaufeli, W. B., Van den Broeck, A., & van Rhenen, W. (2020). A Corporate Purpose as an Antecedent to Employee Motivation and Work Engagement. *Frontiers in Psychology, 11.* https://www.frontiersin.org/articles/https://doi.org/10.3389/fpsyg.2020. 572343.

Walumbwa, F. O., & Schaubroeck, J. (2009). Leader personality traits and employee voice behavior: Mediating roles of ethical leadership and work group psychological safety. *Journal of Applied Psychology, 94*, 1275–1286.

West, M. A. (2000). Reflexivity, revolution and innovation in work teams. In Beyerlein, M. M., Johnson, D. A. , Beyerlein, S. T. (Hrsg.), *Product development teams* (5, 1–29). JAI Press.

Widmer, P. S., Schippers, M. C., & West, M. A. (2009). Recent developments in reflexivity research: A review. *Psychology of Everyday Activity, 2,* 2–11.

Zhao, F., Ahmed, F. & Faraz, N. A. (2020, 1. Oktober). *Caring for the caregiver during COVID-19 outbreak: Does inclusive leadership improve psychological safety and curb psychological distress? A cross-sectional study.* International Journal of Nursing Studies; Elsevier BV. https://doi.org/10.1016/j.ijnurstu.2020.103725.

Zimbardo, P. G., & Gerrig, R. J. (1999). *Psychologie.* Springer.

Printed in the United States
by Baker & Taylor Publisher Services